青少年 科普图书馆

世界科普巨匠经典译丛·第五辑

Ren he Shan

人和山

(苏)米·伊林 著　毛吉鹏 编译

上海科学普及出版社

图书在版编目（CIP）数据

人和山 / (苏) 米·伊林著；毛吉鹏编译 .—上海：上海科学普及出版社，2015.1（2021.11 重印）

（世界科普巨匠经典译丛·第五辑）

ISBN 978-7-5427-6276-4

Ⅰ.①人… Ⅱ.①米… ②毛… Ⅲ.①科学知识—科普读物 Ⅳ.① Z228.2

中国版本图书馆 CIP 数据核字 (2014) 第 240974 号

责任编辑：李　蕾

世界科普巨匠经典译丛·第五辑

人和山

(苏) 米·伊林 著　毛吉鹏 编译

上海科学普及出版社出版发行

（上海中山北路 832 号 邮编 200070）

http://www.pspsh.com

各地新华书店经销　三河市金泰源印务有限公司印刷

开本 787 × 1092　1/12　印张 13.5　字数 160 000

2015 年 1 月第 1 版　2021 年 11 月第 3 次印刷

ISBN 978-7-5427-6276-4　定价：32.80 元

目 录

CONTENTS

第07章 聊聊天气

第08章 在高山面前

第01章

·沙漠的变迁·

除了没有出口的河流之外，沙漠里还有湖泊。到了夏天，湖泊里面没有丝毫的水滴，湖面上浮现出层层的盐。这一片盐湖在阳光的照射下折射出耀眼的白光。人们和牲畜都能够在湖面随意地行走，就像是在陆地上一样。

奇怪的森林和干枯的湖

我们一提到沙漠，脑海中就会浮现众多的字词：贫瘠、干旱、荒无人烟、死亡……这一些词并非说沙漠里有什么恐怖的东西，而是说沙漠里面什么东西都没有。为此，在俄文里面，“沙漠”一词也表示空地方。事实上，沙漠真的如此吗？其实不然，沙漠并不是一个什么都没有的地方。如苏联最大的沙漠卡拉库姆。

卡拉库姆沙漠有自己的原住居民，也有牲畜，也有绿洲。这也说明了，沙漠里面有水，因为生物是不能够脱离水而生活的。曾经有旅行家来到卡拉库姆沙漠，他发现在一米深的地方，沙子不再是干燥的，而是潮湿的。为什么会这样呢？

原来春季的时候，雨水和融雪水就会渗入到沙子下，沙子就像是一层保护膜，让水不会被晒干、被蒸发。如此看来，沙漠也不是贫瘠的，更不是干旱的。但是，沙漠中的水并不多，并不能够满足所有生物的需要。

由于沙漠的气候是炎热而干燥的。在夏天，这里不会下一滴雨，空气干燥异常。如果把一片新鲜的面包放在沙漠中，仅仅一天的时间，新鲜的面包就会变成面包干。早上把报纸放在沙漠里，到了晚上就剩下一片片的碎片了。

想要在这里生存下去，那么就要仔细地计算每一滴水。除了人会精打细算之外，动植物也十分节约水资源。正是因为缺乏水，这里的河流、树木、湖泊与我们日常所见的都有很大的区别。

在沙漠里，你能够看到乌云，但是这些乌云并不会为这一片干燥的大地洒下甘露。即使要下雨，或许雨滴尚未降落到地上就已经被沙漠的热气给蒸发掉了。在沙漠里面也有一些奇怪的河流，这些河流流着流着，就消失在沙漠中。只有在春天，我们才会听到哗啦啦的流水声，然而到了夏天，这些河流就消失不见了。

除了没有出口的河流之外，沙漠里还有湖泊。这些湖泊就像是一个烧灼着的热锅。到了夏天，湖泊里面没有丝毫的水滴，湖面上浮现出层层的盐壳。这一片盐湖在阳光的照射下折射出耀眼的白光。人们和牲畜都能够在湖面随意地行走，就像是在陆地上一样。

▲ 卡拉库姆沙漠

在沙漠里，你看不到森林的身影。或许你认为，每一棵树都有树荫，但是在沙漠里的萨克苏树却让你大感意外了。为什么这种树没有树荫呢？为什么这种树没有树叶呢？为什么萨克苏树没有绿叶，只有桠枝呢？因为沙漠的生存环境是十分恶劣的，如果枝叶繁盛的桦树来到了沙漠，那它一定不能够生存下去，因为这里没有足够的水灌溉它，也没有潮湿凉爽的环境。然而，沙漠是干燥而炎热的，想要在沙漠里生存下去，就一定要懂得如何节省水资源。为此，萨克苏树也只剩下光秃秃的桠枝了。

千万年间，有部分树慢慢地适应了沙漠的环境。而需要大量水去灌溉的树慢慢地消失，最后留下最节省水的树。到了现在，有些树甚至会害怕水的出现，如果你给它太多的水，那它就有可能会被浇死了。

曾经有一个地方被洪水淹没，在洪水退去之后，原本生活在这个地方的萨克苏树却死光了。萨克苏树干枯的树干就残留在这个地方，满满一地。

沙漠除了改造植物之外，还改造了动物。

在沙漠湖里面，你能够找到一种有肺的鱼儿。当湖里有水的时候，这些鱼儿就会用鳃呼吸，当湖水干涸的时候，这些鱼儿就会爬到地面然后用肺进行呼吸。除了鱼儿会有这样的变化之外，蛇也变得不一样了。在沙漠里，你会发现一种蛇，它们能够自由自在地在沙子里面游动，就像在水里一样。黄色的皮毛让骆驼和沙漠相互融合在一起，正是因为有了这种保护色，让它避免了敌人的袭击。即使沙漠里面的水很少，但是骆驼也能够长时间不喝水。

▲ 萨克苏树

自然界里面的动植物和环境都是息息相关的。任何一个条件发生了变化，就会有相对应的东西出现变化。我们能够在沙漠世界里，充分地感受到这一点。正是因为缺少水，所以沙漠里的生态系统也发生了重大的变化。植物变得耐旱，动物也变得不一样，人类的生活方式也不能够按照以前那样了。

在夏天的时候，河流里的水会被蒸发掉，盐就会出现在河床上，草儿也会干枯，人也需要把家迁移到别的地方去。那么这些迁移的人和难民有什么区别呢？为了寻找到水源，他们不得不搬离家园，骆驼驮着物资向前走，孩子们躲在母亲的怀抱里哭啼，羊群则缓慢地奔跑着，男人们骑在马背上驱赶着羊群。他们就像是逃难一般。每一年，他们都需要经历这样的逃难，这种逃难的学名是“游牧生活”。

这样的生活是多么的艰苦，也没有任何的乐趣可言。如果我们要去改变这种生活，我们必须要了解事物之间的联系。在沙漠的世界里，无论是动物还是植物，甚至是人，大家都不能够脱离水。正是因为如此，我们需要把水灌溉到沙漠里，让所有的一切都改变。森林、草、气候甚至是人的生活。

被改造的沙漠

在切尔卡尔车站附近有一个沙漠，在这里你能够看到葡萄架、玫瑰、紫菀、郁金香等植物。这里的铁路工人会热情地用樱桃和李子来招待客人，也会让你欣赏他们的劳动成果：黄瓜、白菜、葱、胡萝卜以及莓果……当你看到这众多的植物时，你似乎不敢想象这里是沙漠。

究竟是什么改造了沙漠呢？是人类勤劳的双手！铁路工人泽文斯基和列夫琴科两人共同劳动的成果。刚开始的时候，他们的苗圃仅仅是茫茫沙漠中的一角，微不足道。随着铁路建设的进一步完善，他们除了修整苗圃之外，还修筑了堤坝，建造了一个人工湖。除此以外，他们还增加了发动机和离心泵，把沙漠地下的水打到地面上，再通过管子和沟渠把水引流到别的地方去。

当秋天来临的时候，切尔卡尔村里面的蔬果也成熟了，蔬果被大量地生产，远销全国各个地方。这些奇迹都是人的劳动创造出来的，同时，也是因为铁路的到来。

如果没有了铁路，这片沙漠不会有如此的变化。人的力量是巨大的，如果要按照总的计划来改造沙漠的话，那么原本的沙漠风貌都不见了。工厂、城市、铁路取代了荒凉的沙漠，这里也将会有成千上万个泽文斯基和列夫琴科。

如此看来，导致沙漠一片荒凉的原因并不仅仅是水，而是缺乏劳动力。

沙漠缺少齐心协力、有计划、合理、勤劳、装备齐全的劳动。如果想要做自然的主人，如果不想再过那流浪人一般的生活，我们必须要通过劳动来改造自然。

▲ 人工固沙，种植灌木改造沙漠

苏联人民就为此奋斗着，他们希望国家地图上不再出现“沙漠”。可是，苏联有将近 1/7 的领土都是沙漠和半沙漠地带。有不少的共和国都是处于沙漠地带中。那么苏联人民是如何改造这些沙漠的呢？又是怎么利用沙漠的资源的呢？

被改造之后的沙漠不再是贫穷、干旱、荒凉、绝望的代名词了。

人与沙漠的战争

人类历史上的战争多不胜数，有的战争持续了7年，有的战争持续了30年，也有上百年的战争。持续时间达到万年的战争恐怕是没有吧？但是，人类与沙漠的战争却持续了一万年。

1904年，美国探险家就在中央亚细亚的阿什哈巴德发现了古代灌溉工程的遗迹。据考古学家的考究，这个遗迹已经有一万年的历史了。如此说来，人类在这个环境恶劣的沙漠中已经生存很长时间了。

在没有挖泥机，甚至连一把好铁锹都没有的情况下，人们是如何在一片荒漠中创造出一片绿洲的呢？人类与沙漠的战争从来没有休止过，无论是在埃及、印度，还是在中国、美索不达米亚，这场战争都在持续着，永不停歇……有修建堤堰的，当河水泛滥的时候，堤堰就把水储存起来了；有在河流上修建堤坝的，不让河水流走；还有修建众多沟渠的，把水引到田地里。不同地方的人有不同的方法。甚至有的人会在山脚下挖众多的井，建造出地下沟渠——“坎儿井”。

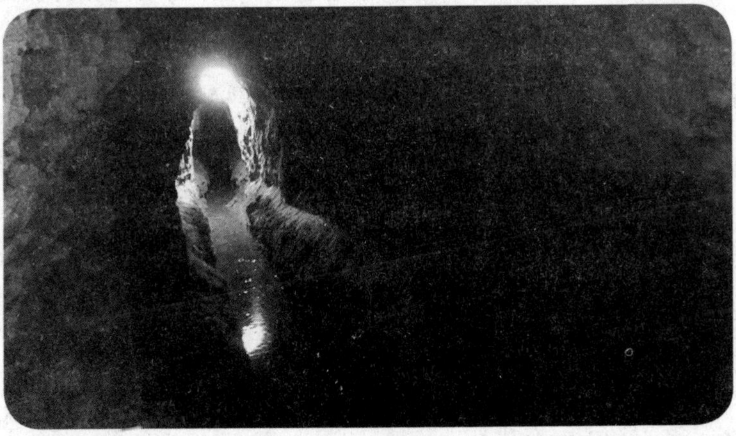

▶ 坎儿井

这些工程都是人们用双手建造出来的，没有任何的机械帮助。在建造的时候，人们需要面临不同的危险。例如，在挖掘地下水道的时候，土层会出现坍塌的现象；在田地里修建的灌溉渠坍塌的时候就会造成淤泥阻塞；洪水泛滥的时候会冲破堤坝，淹没农田……当这些建筑设施遭到损坏的时候，人们不得不重新着手建造。

建造这些伟大工程是十分困难的事情。例如在搬运沉重的木头时，就需要用到众多的人力。然而，在法老、哈里发、沙赫、艾米尔[1]等人眼里，人力是十分廉价的。只要他们发布命令，就会有很多人来参加。对于这些统治者来说，征服沙漠就是为了扩张国家领土。商队经过这些被改造过的土地，就会收获众多的物品，如粮食、布匹、珍贵的果实等等，他们会把这些东西作为贡品进贡给统治者。

在很久以前，有人会从阿姆河畔带上希瓦的甜瓜到哈里发的京城巴格达。为了保证甜瓜的新鲜和不腐烂，他们会用冰块冰镇着，用铅做成的器皿来运载。整个旅程需要花费三个月的时间。

在东方，有一些古老的灌溉系统到现今依旧保存着。

在埃及的部分地区里，依旧使用着法老时代所建设的沟渠和水池。在印度、中国和苏联的部分地区中，有大部分的绿洲都依靠着古代留下的沟渠来养活的。为此，现在所拥有的一切都是因为先人辛辛苦苦的努力而得来的。

或许，有很多人都会纪念祖先所留下来的纪念物，但是，先人所留下来的古代灌溉系统无疑就是那众多纪念物中的瑰宝。

可是，人类除了在沙漠中建造了绿洲之外，还曾经破坏了绿洲。

假如人类重视被破坏的纪念物的话，那么被破坏的纪念物一定会比建设的纪念物要多。可是，当一件物品成为废物之后，除了历史学家和考古学家来关注它们之外，基本上没有人去关心它们了。

1 法老是古埃及国王的尊称，哈里发是伊斯兰教教主的尊称，波斯国王叫做沙赫，阿拉伯部族的首长叫做艾米尔。

有一名旅行家在中央亚细亚的沙漠地区里探险的时候，在阿姆河三角洲，发现一个长达150千米的堤堰和沟渠，它蜿蜒缠绵地延伸到沙漠的深处。可惜的是，这个堤堰沟渠已经被毁坏掉了，无法再继续使用了。不过历史学家们也推测出，这里曾经是沙漠中肥沃的土地，有人在这里生活过。但是，现在这一处地方已经被沙漠所掩埋了，那些清真寺的建筑物已经被封尘了好几百年了。我们只能够从一些小屋中依稀地了解到当地居民的生活情形。究竟谁是破坏绿洲的凶手呢？

▲ 阿姆河

自然是凶手，人也是凶手。自然所造成的毁坏仅仅是很少一部分，绝大部分都是因为人类的掠夺所造成的。在历史上，侵略战争爆发的时候，首先受到破坏的便是这些渠道和堤坝。因为在他们看来，想要获得胜利就要夺取敌人的水。在550年前，帖木儿在战争的时候就破坏了当时中央亚细亚最伟大的灌溉系统——花刺子模绿洲中的一个灌溉系统。

事实上，沙漠中大部分的复杂工程都是因为人为的恶意破坏而毁坏掉的。这些人没有长远的眼光，他们只是关注自己的收成从而过度地灌溉土地，过度地开发土地。在这样的做法下，仅仅十几年的时间，这些被过度灌溉的土地就会变成沼泽和盐沼，人们无法再在这土地里面耕种，最终被迫地迁移。除了古代人会犯这样的错误，就连现在的我们也会做这样的事情。

美国在短短的一两年的时间里就改建了一些河道，修建混凝土堤坝，也修筑了隧道和导水管。美国工程师和工人们积极地开发新的灌溉系统，希望通过这样的设施来让所有的土地都得到水的灌溉。他们除了在肥沃的土地上进行改建之外，还会在一些荒凉的土地上建造出葡萄园和棉田。原本生长着矮树的地方已经搭建起众多的葡萄架，清澈的河水也沿着由混凝土建造出来的河床留到葡萄园里。我们不由地感叹道，西方国家的人改造自然的速度太快了。但是，他们在改造自然的同时也破坏了自然。人们在耕种的时候需要购置机械，需要支付土地和水的费用，为了获得更多的收益，他们不得不向土地索取更多的东西，不得不使用化学药物，不得不过度地灌溉农田，最终导致土地变成了荒地。

当农业危机爆发的时候，荒地面积不断地扩大。到了这个时候，人们征服沙漠的脚步就停止下来，甚至出现了倒退。美国如此，印度和非洲殖民地也如此。似乎以前提倡开垦非洲沙漠的计划都全部落空了。史华兹教授曾经提议从南非洲的基俾比河和卓伯河引水到喀刺哈利沙漠，这样就能够改变沙漠的气候。然而这个计划最终也没有得到实施。因为这个计划实施起来需要花费很多的钱，也不知道什么时候才能够收回本金。

对于商人和企业家来说，与其花巨额来修建这样一条沟渠还不如修建一条通往富庶地区的道路。为此，人们建造了一条道路连接了撒哈拉大沙漠和埃塞俄比亚边境。士兵们就顺着这一条路前进。每当士兵们到达新的村落时，当地村民就会仓惶地逃跑到沙漠里去。这样的情况在革命前的俄国也存在。

在亚历山大二世时，为了满足军队、军火和粮食运输的需要，人们在卡拉库姆沙漠里建筑起一条铁路。当然，统治者建造这一条铁路的主要目的就是让沙漠里的人民臣服。但事实上，征服者并不喜欢沙漠，因为沙漠阻碍了他们走向富裕地区。

人间炼狱

我曾经看过帕尔日·瓦斯基上校的报告书，其中就提及中亚细亚考察的具体情形。在这份报告书里有一张考察队员的照片。在照片上，你能够看到众多的徽章、肩章以及枪。在照片的下方是众多的签字：少尉、中尉、上尉等等。这些人既不像旅行家，也不像一支科研考察队伍，更不像一支军队。然而，指挥这支队伍的是一位著名的旅行家——帕尔日·瓦斯基上校。

在报告书中，帕尔日·瓦斯基上校说道：

……当我们来到乌龙加河中游的时候，基尔吉兹人已经在夏秋季节逃跑到中国境内。有的游牧民族生活在南阿尔泰山，有的人在乌龙加河畔生活。这些人打算从布轮·切哈依搬迁到古琴纳生活。但是，因为沙漠阻挡着他们前进的步伐，有一部分的人因为忍受不了牲畜缺乏从而返回到乌龙加河来过冬。

▲ 阿尔泰山脚下的牧人

我们顺着乌龙加河中游前行，来到了基尔吉兹人生活的地方。在这短短的150俄里的路途上，几乎每前进一步都能够看到基尔吉兹人驻扎的帐幕。

在这个地方，很难找到青草的身影，芦草和嫩杨树都被人和牲畜给吃光了。基尔吉兹人为了生存，甚至把乌龙加河沿岸的白杨树枝叶都砍光了。我们在这里看到很多白杨树都倒下了，它们的树皮被剥下来喂养羊群，树干被砍成碎片喂养牛、马。

这样的食物并不能够满足牲畜们的需要，正是因为这样，不少的牲畜都死亡了。几十只羊倒在帐幕的旁边，即使狼群来了，也不能够完全地吃掉这一些死掉的羊。为此，一些没有被吃掉的羊的尸体就开始腐烂，传染病也开始爆发。牲畜群所留下的粪便都把乌龙加河流域给铺满了。

看到这样的场景，似乎就看到了人间炼狱一样。腐烂的动物尸体也引来了众多的昆虫。蝗虫的到来更是让这里的情况雪上加霜。因为这里没有青草和叶子让蝗虫吃，使得这一些蝗虫只能够吃树干。走在这路上，随处可见被昆虫啃咬过的树枝，有的甚至连树干都不剩了。

以上都是帕尔日·瓦斯基上校在旅途上所看到的情况。或许，他还有更加多的东西没有提及。

因为命令而发生的变化

为什么游牧人民需要逃难呢?

我们或许能够从官员的公文中寻找到答案，因为这些普通的命令恰恰能够告诉我们更多的事实，这些事情比旅行家的回忆录更加的可靠，更加有意义。

其中，就有两道命令值得我们关注的：

（一）1873 年 7 月 6 日，考夫曼将军给哥洛瓦契夫将军的第 1167 号命令：

“着即向散布在哈扎瓦特灌溉渠和它的支流一带的约穆得人帐幕进袭，把约穆得人帐幕完全捣毁，把全族老幼杀尽。”

（二）1873年7月6日，考夫曼将军给莎兰契夫上校的第1169号命令：

“阁下可迅速向约穆得人帐幕方面转移，把帐幕捣毁，把全族老幼杀尽。”

军事史家吉伦契耶夫将军就把当时执行命令的具体情况记录下来：

“哥洛瓦契夫将军把所有哥萨克军官召集起来，并且向他们宣布了考夫曼将军的命令。在宣读完命令之后，还向士兵们说道：‘在座的所有人都需要坚定地执行命令，男女老幼都要杀尽！’”

随后在战争中，士兵们不断地追逐逃跑的土尔克明人。

“克里得涅尔传出消息，在大道左边发现了一支队伍正向沙漠前进。由于被发现了行踪，土尔克明人就抛下了牲畜群，卸下物资，骑上马就逃跑。然而哥萨克士兵们追上了这一支逃亡的商队，并且把所有的人都斩尽杀绝。在这个追击的过程中，士兵们无比凶残。”

当时俄国的将军就是依靠这样的手段和方式来征服边疆地区的。

然而，在这些军队里面还有“和平的征服者”。当军队占领了撒马尔罕部落时，军队里的赫鲁多菲和别尔伍新的商人代表们就跪在地上祈祷上帝赐予军队胜利。

当将军们占领了边疆地区之后，就会在这片土地上修建城堡。这个时候，赫鲁多菲人和别尔伍新人就会在城堡里建立办事处，也会购买灌溉田。这样的行为无疑引来了当地土著商人的不满，为此，当地商人就会大量地购置十地，并且把土地租出去。在这座新城里，也涌现了大量的轧棉工厂。然而，这些工厂里面没有机器，因为这里有大量低廉的劳动力。

对于企业家来说，沙漠并不会给他们带来很大的影响。为此，他们也不需要花费大量的金钱来改造沙漠。在他们看来，这是无利可图的事情。同时，他们也没有力量去改变沙漠。

当军官们对众人下达植树的命令的时候，他们都会坚定不移地执行。他们在沙漠里种植洋槐树等稀有的树木。然而，沙漠并不愿意伺候这些总督大人，恶劣的环境气候让这些娇贵的树木都枯萎了。

人们为此挖建了一条运河用来灌溉田地。但是，仅仅几年的时间，这条运河的堤堰就歪斜掉，淤泥阻塞了河道，最后导致田地变成一片的沼泽。

在 1920 年，农学家库尔巴托夫就来到了饥饿的草原里，他看到的情形是：

“村庄的环境十分恶劣，田地变成了沼泽地。有一些地方因为灌溉设施不完善从而保全下来了。但是，这片土地里，我完全看不到任何农作物。”

这样改变沙漠的方法真的合适吗?

五年计划下的沙漠

在中央亚细亚，人类与沙漠的战争持续了 1000 年。长时间的斗争中，战争的形式也慢慢地发生了变化。现在人们不再是按照千年计划来行事了，而是按照五年计划来工作。过去，人们会盲目地乱干，随意地破坏环境，现在人们在科学和计划的指引下进行改造自然。人类不再因为改造自然而过度地劳动，也不会苛求地期待劳动的回报。人们的身份从各个民族间的敌人转变成为同志和朋友；人们在这里修建公路和铁路，这样就能够更加快速便捷地将物资运送到沙漠的任何地方。修建这些道路的人不是征服者而是工人，他们使用的工具也不是大炮而是机器。

现在的沙漠中，原本光秃秃的道路两边慢慢地出现了田地和园圃、城市、矿坑以及工厂。在这个改造的过程中，我们也从沙漠里收获到不少的东西。在第一个五年计划期间，6500平方千米的土地上已经种植了棉花。在饥饿草原上，已经出现了世界最大的植棉农场——巴赫塔·阿拉尔。在中央亚细亚其他地方，人们还开辟了众多的新河流。

大家都不敢想象，在不久之前还是光秃秃一片的沙漠现在已经变成了绿色的花园，恩巴石油区工人村里的工人正休闲地在这里散步和歌唱。

现在，我们的目标不再是那几千平方千米的土地，而是那几万平方千米的土地。想要从沙漠中将这些土地争夺过来，我们应当先把水输送到工厂、油田以及工人村里。

艰苦的生活

沙漠里出现的工厂数量越来越多：涅夫特达格的油井架，卡拉布加兹盐场以及卡拉库姆沙漠里的硫磺工厂等。在这些工厂里面工作的工人生活环境和工作都十分艰苦。夏季的沙漠白天是炎热而干燥的。蛇、甲虫、蜥蜴等动物能够躲藏到沙里面去避暑，夜间才出来活动。然而，人和这些动物是不同的，因为人需要工作，即使天气热得人无法呼吸，嗓子也因干燥而无法发出声音，但是工人们依旧要工作。他们需要喝大量的水来补充身体的水分。然而，在沙漠里，最为缺乏的也是水，每一滴的水都不能够浪费。

我有一个朋友曾经在克拉斯诺沃德斯克担任工程师一职，他回来之后跟我说：

克拉斯诺沃德斯克城位于里海沿岸。在哪里，你能够看到一望无际的水，然而这些水并不是人们需要的水，因为这些又咸又苦的水是不能够喝的。在城市里，有一些特定的制水工厂，他们把盐水制造成淡水。有的时候工厂会停止工作，每当这时，人们就会用轮船把淡水运送到这里。人们都着急地等待着淡水的到来，万一轮船来迟了，这里就会引发水荒。为此，人们会使用高加索产的矿泉水来做汤和熬粥。

▲ 锡尔河

如此看来，克拉斯诺沃德斯克居民的生活是多么艰苦。水对于他们来说，不但是饮料这么简单，还是救命的必需物资。

水也是当地人的食物。无论是黄瓜还是白菜95% 都是水。如果要种植黄瓜、白菜、马铃薯，那么就需要用水来浇，并且要很多的水。如果没有足够的水来浇蔬果，那么就需要从别的地方把蔬果运输过来。蔬果是不能够进行长途运输的，再加上当地的气候十分炎热，也导致了蔬果在运输的过程中很快就会腐烂。难道要人们不吃青菜水果吗？蔬果并不是奢侈品，而是人类生活的必需品，如果没有了蔬果，那么人就容易病倒。

除了蔬果需要水之外，机器也需要水，如：机车、工厂里的锅炉、化学反应锅。

然而，我们从哪里才能够获得水呢？

来自冰雪世界的水

或许你没有想到，中央亚细亚沙漠的南部是连绵不断的高山冰雪。这里是一个与中央亚细亚沙漠完全不同的世界。沙漠里，气候是酷热而干燥的，整个夏天都不会降一滴雨。然而，另一端却是银装素裹的冰雪世界，这里有雪、有冰川也有暴风雪。

在这个雪的世界里有大量没用处的水。为此，人们就想到把这些水引到沙漠去，缓解用水之急。这些冰川水也有自己开脱出来的路，上百条的水流沿着河床缓缓地外流。但是，有的水流流到山谷里就不见了；有的水渗入地底下去了；有的水在炎热夏季里被蒸发掉了；只有那些很大的水流才能够把水运送到沙漠的河流里。

其中，阿姆河和锡尔河都会流经沙漠。在古时候，就有人会在这两条河的河岸居住生活。正是因为这里有沙漠最为缺乏的水，所以人们在这里生活了上千年。在沙漠里，只有一小部分的土地是被人类占领了的。在这些被占领的土地上，人类用来种植葡萄、棉花以及其他的农作物。但是，有部分的土地因为得不到水的浇灌而被荒废了。

▲ 阿姆河一直是繁忙的航道

这些河流最终都会流入到咸海里。能够被人类使用的河水并不多，这些河水基本上都是用来灌溉田地的。

运水的办法

人们曾经计划：从阿姆河里引水到克拉斯诺沃德斯克城。然而，如果真的实施这一个计划，首先要解决如何穿越卡拉库姆沙漠的问题。如果成功地引水到克拉斯诺沃德斯克城，那就能够解决油田、铁路所面临的缺水问题了。但是，阿姆河与克拉斯诺沃德斯克城之间相隔 1000 多千米。

河水怎么才能够流经这么长的路途呢？

采用水管可以吗？

这件事看上去比较简单，但是真正实施起来却十分困难。在建设水管的时候，需要用到水。对于人与机器来说，水是必不可少的。可是，这些水从哪里来呢？难道要到井里要水吗？井里的水可以用吗？沙漠里面有井吗？

为此，有的人建议用水槽车来运水。然而，采用水槽车一定要有铁路，但是沙漠里面没有。反反复复地围绕着这一些问题研究，都没有找到什么好的办法。难道就没有办法吗？

或许我们能够让水自动地流入沙漠里？

会摆动的河流

阿姆河流动的方向并不是一成不变的。以前，它流入的海是里海而不是咸海。历史学家研究了阿拉伯文、中文、波斯文、希腊文等多种古代手稿可知，阿姆河在 2500 多年的时间里，改变入海通道的次数多达六次，有的时候流入里海，有的时候流入咸海。最近一次改变入海通道是在 1575 年。

阿姆河改变入海通道对于花剌子模国来说，并不是一件值得庆贺的事情，因为这么多年来，花剌子模国的人都是生活在阿姆河河畔，然而现在河流抛弃了他们。为此，他们不得不把首都——古尔汗治搬迁到希瓦。

到现在为止，我们能够在沙漠里发现很多被河流遗弃了的城市。这些城市的房屋和陵墓都很好地保存下来，但是居住的居民已经迁移到别的地方去了。或许你能够在沙漠里看到一支高大的烟囱，然而这并不是烟囱，而是清真寺的尖塔。在这些地方里，我们除了能够看到古城留下的遗迹之外，还能够寻找到河床遗迹。在沙漠的中央，你能够发现数百千米长的阿姆河河床遗迹。这些河床刚开始的时候是流入一个湖里，然后再流到里海。然而，如今在这些湖的遗址里，已经看不到有水的影子了。

这一条河就像是一个钟摆，每隔一段时间就会改变水流的方向，不停地来回摆动。究竟是什么在驱使着河流发生摆动呢？

原来当河流在流动的时候，有一些泥沙会慢慢地沉淀在河床上。泥沙慢慢淤积起来，就会阻塞流动。当沉积的泥沙越来越多的时候，河流就会改变自己的河道，河流的流向也发生了偏移。

▲ 花剌子模古河道遗址

到了现在，河流的钟摆似乎已经停止不动了。但并不是稳定不变的，或许再过一两百年的时间，它又开始摆动了。到时候，它就会穿过沙漠，经过土尔克明尼亚西部，最后注入里海。难道我们没有办法催促它加快摆动的步伐吗？

在我们的五年计划里，我们极其需要水。我们多么希望水快点到来。

河流带来的改变

目前有几个关于灌溉土尔克明尼亚西部的方案。其中有一个方案是由秦结尔林教授所提议出来的。这个方案主要是建筑木头堤坝，当河流遇到堤坝的时候，就会向左转，改变了河流流向。如此一来，就不再为在沙漠修建什么而烦恼了。

然而，有一点值得注意的是，河流在流经的过程中会遇到一个大坑——萨拉卡密什洼地。这个洼地的面积十分广，如果要等水注满大坑以及周围的洼地，那需要花费十几年的时间。然而，不注满这个坑，那河流就不能够继续流向海里。这样的话，河流流到海洋需要花费的时间更加多了。若要缩减水注满这个湖的时间，能够采用一个方法：缩减湖的容量。人们会建筑起堤坝，用土石来拦截低地的出口。这样，河流能够更快地流到海里。大概需要八年的时间河流就能够流到里海了。在流入里海的过程中，河流能够浇灌果园、菜园以及田地。这不但给沙漠增添一份绿色，也能够加速现代化的进程。

或许，有人以为，河流流入到海里就结束了。事实上并不是这样。在表面上看来，这已经结束了，然而，海也是需要河流的。因为河流注入海的时候会夹带着大量的淤泥，这些淤泥会让海变得更加的富饶。

阿姆河河水注入里海，里海周围生长出茂盛的水草。这些水草为海里的生物提供了食料，让里海的渔产更加的丰富。除此以外，船舶也能够顺着河流来到中央亚细亚最偏僻的地区里。人们也能够在这里建立起水电站，这极大地方便了人们的生活，也加快了经济发展的步伐。

在这几十万公顷的土地里，将会出现一幅前所未有的盛况场面。

风带来的力量

我们能够改变河流的流向来改造沙漠，但是，河流流经的地方还是有限的。沙漠绝大部分的地区是没有河流灌溉的，那么这一些地方怎么办呢？在这一些地方里，人们会选择使用挖井的方法来获得水。因为在沙子掩埋的地底下也有水。

在沙漠深处的一些地区中，有人会采用这样的方法来获得水。

土池、绑着绳索的滑车以及水桶，这就是取水的必要工具。骆驼套上绳索用力拉动，水桶把水提上来之后就倾倒在池里。水池里面也有一根细小的管子，这个管子就把水注入大木槽里。骆驼和羊群就在大木槽里喝水。

或许有的人会问，为什么这些水用来喂养牲畜，而不浇灌田野呢？为什么不装现代化的泵水器而采用骆驼来拉绳索呢？

在这个地方里，并不缺乏动力。因为这里有丰富的风能，仅仅一阵风就能够把帐篷掀到千里之外。沙漠里的沙丘是不停地变化着的，风控制沙丘移动的方向。人们能够控制风的风向吗？人们能够给风插上一双翅膀吗？人们能够让风来为人类服务吗？

▲ 沙漠里的风车

是的，人可以做得到。经过多年的努力，人们在沙漠上建造出一座座长着翅膀的高塔——风车。在风车的脚下，就是房屋、果园、菜园以及田园。人们用风来改造沙漠。既然风可以制造出沙浪，那么，为什么不让它给我们提供动力呢？是的，人类就是利用自然本身的力量来改造自然的。

身份的转变

人类除了运用风能之外，还掌握了太阳能。因为在沙漠里，太阳能是十分丰富的。然而，刚开始的时候人们并不知道如何获取太阳能。

在沙漠里生活的人都知道，在正午的时候是不能够直接用手来接触沙的。因为这个时候沙的温度足以把你的手给烫伤。整片沙漠都蕴藏着这样的能量，那么我们怎么把这些能量收集起来呢？我们是否能够建造出一种机器，用来收集太阳能呢？

能！

建造出收集太阳能的机器十分简单，只需要一个玻璃箱子。人们建造出了玻璃箱子，并且在玻璃箱子里种植黄瓜和红萝卜。因为玻璃箱子是透明的，太阳光能够直射到玻璃箱子里，但是光线想要走出玻璃箱子就有些困难了。热的光线被保留在玻璃箱子里。当玻璃箱子外已是白雪皑皑的时候，而玻璃箱子里依然是温暖的。

人们会聪明地在玻璃箱子旁边放一面镜子，镜子能够把日光也带入玻璃箱子里。就是如此简单的一种东西，却能够建造出一种新的物件——日光炉。人们并不需要劈柴，也不需要燃烧煤炭，却能够获得热量。

▲ 日光炉

当太阳把沙子晒到 80℃时，日光炉获得的热量将会是它的 2~3 倍。然而，抓住热量之后，我们需要怎么运用这一些热量呢？人们想到了蒸汽机。通过日光炉里的热量来烧热水从而获得蒸汽。蒸汽机就会让水泵自动地工作，那些藏在地底下的水就能够顺着管子和水槽流到田野里去。

在埃及开罗不远处，就有一个日光站。因为有了这个日光站，这附近的200公顷的棉田都得到水的灌溉。在突尼斯和阿尔及利亚也运用了日光设备。在加利福尼亚地区里，有很多的屋顶都装有日光热水器。现在，太阳能也广泛地运用到人们的日常生活中。

苏联已经有日光设备了。

在契尔卡尔油田里，就用到了日光蒸馏器。这个机器能够提炼出淡水。除了这个地区之外，就连卡拉布加兹盐场也增设了日光脱水器。日光烹饪器、日光汽锅和日光蒸馏器都是十分合算的，许多地区、行业都会用到。除了这些电器之外，还有些供应动力的设备，但是这些设备的价格相对来说比较高。

日光发电站具有相当大的前景。曾经，在沙漠里，太阳是人类最大的敌人。现在，他们之间的关系已经发生变化了，由敌人变成了朋友。

太阳能被运用到众多的领域上，它能够灌溉田野，也能够给人类带来水资源。太阳也能够为工厂和矿场提供原动力。太阳也能够给冷气机提供动力从而制造出冷气。现在，越来越多的机器需要用到太阳能了。最值得大家感慨的是，太阳也能够提供冷气了。

沙的侵袭

当人们为成功地改造自然而欢呼不已的时候，一个巨大的危害正慢慢地逼近。在卡拉库姆沙漠里，阿姆河的左岸正面临着一场巨大的危机。长达250千米的进攻线正不断地逼近。在这个时候，居民抛弃了田园、棉田以及葡萄园，逃亡到别的地方去。这里变成了沙的天下，众多的道路都被沙子封锁起来了。

在凯吉尔库姆沙漠里，50千米长的沙排正不断地进攻。不一会儿，整个卡拉库尔绿洲已经被沙子给占领了，使本来富庶繁荣的布哈拉绿洲也变成了废墟。沙子对铁道线和灌溉渠都造成了严重的破坏。因为沙子的到来，导致了硫磺工厂的道路被阻塞，汽车运输线也被隔断了。在卡拉布加兹海湾周围的盐场里，有价值的化学燃料芒硝也被破坏了。

沙子的破坏范围在不断地扩大，一些有价值的土地也受到了沙排的威胁，这场斗争不会很快就结束的，倘若不加以阻止，布哈拉绿洲将会被沙子给淹没，果园和田地都会被沙子掩埋。旅行家在进行探险的时候发现，在很久以前，很多城市都是繁荣发达的。然而，因为沙子的破坏让这些城市变成了废墟，甚至被掩埋起来。

现在，部分的绿洲也受到了同样的威胁。有时候，沙子的巨浪有 10 米高，严重的时候会高达 50 米。这样的高度就像是一座沙丘在移动，它能够瞬间把房屋、树木给掩埋掉。受到这些沙浪的侵袭，没有树木能够幸免，即使是生命力顽强的榆树，也抵御不了这样的侵袭。

当沙排侵袭的时候，人们只能选择逃离家园。他们会在一些偏远的地方建筑起新的房屋。然而，沙子并不会因为躲避而放过他们的，甚至有的居民已经被侵袭了两次了，沙子依然要向他们不停地进攻。

为了抵御这种侵袭，人们采用修建堡垒来应对沙子的侵袭。高高的泥墙真的能够抵御沙子的侵袭吗？然而，当泥墙出现了一道缺口时，沙子便会奔泻下来。这个时候，泥墙会坍塌，一切都会被毁灭掉。

难道人们就没有办法来制止沙子吗？

想要应对沙子的侵袭，就要了解清楚沙子进攻的原因，是因为什么引起沙子侵袭的？在有人烟的地方，沙子是很安静的。它不会随处乱动，因为有一些植物的根部紧紧地禁锢着沙子。而在其他的地方，沙子是无拘无束的。

是谁释放了沙子

是谁让沙子如此放肆？答案是：人。

沙子原本是被禁锢在原地的，但是人却把禁锢沙子的锁链给撕扯断了。究竟发生了什么事情？为什么人会扯断了沙子的锁链呢？

在古时候，人们就在沙漠里放牛羊。牛羊主要的食物就是沙漠里的草。在它们吃草的时候，会用蹄子来践踏草，把土地表面踩碎。当牛羊走了之后，原本长着遍地小草的地方就成为光秃秃的沙地。这时，风一吹，一些被释放的沙子就随风乱跑。它们会慢慢地积聚成沙浪，最后形成一个个沙丘。这些沙丘慢慢地堆积起来，最后形成可怕的黄色浪头。用肉眼看来，这些沙丘是固定不动的，然而，实际上它正不断地移动着。它在行走的时候，会不断地掩埋田园、道路与房屋。

▲ 过度放牧常导致草原变成沙漠、流沙

在100年以前，沙漠的边缘地带有一些沙土草原。其中阿斯特拉汗城外面的纳伦沙漠是一片无垠的草原。然而，卡查赫游牧民族每年都会带着成群结队的牛羊来到这里放牧。当时的草原是十分广阔的，为此他们随意地放牧。可是，随着牲畜的数量不断地上升，草原上的游牧人民越来越拥挤。他们还受到了别的民族的挤压，最后不得不停留在一处地方放牧。牲畜们不断地践踏和损害草原，最后广袤的草原也变成了沙漠、流沙。

就这样在悄无声息的情况下，人类把自己生存的环境搞得越发的糟糕。现在，我们需要按照计划来进行改造，其中一个重要的环节就是阻止沙的侵袭。如果不阻止它的侵袭，那么之前所做的一切都白费了。然而，怎么才能够制止沙的侵袭呢?

或许，我们应该到大自然中寻找答案。

开路先锋

事实上，没有人类进行干扰的话，沙地是会生长出植物来的。但是这一个生长的过程是十分缓慢的，或许需要花费几年的时间，或许需要用到几十年的时间……在沙丘之间的凹陷地，就会生长出一种植物，这是植物的开路先锋。

在这流动不定的沙丘里，这批开路先锋是如何生长起来的呢？流沙会给它们带来无数的危险。例如，风会把种子掩埋起来，让它们看不见太阳。当它们生长出嫩芽的时候，沙丘移动就会把嫩芽给埋在地底下。即使它们顽强地生存下来，还有更加多的危险在等待着它们。

狂风能轻易地把它们的根挖掘出来，也能够轻易地让它死在沙子的上面。风有这样的力量。然而，在这千百年的斗争中，这种植物慢慢地适应了沙漠，并在这严酷的环境中生存下来。

矮树——刺沙蓬带着翅膀，能够随风飘荡。它的果实种子有刚硬的外壳保护，外壳还有众多的刺毛。当风吹来的时候，这些小果实就会随风飘荡到沙漠的任何一个角落里。因为这些小果实比较轻，所以沙子不能完全地摆脱它的纠缠，把它压在地底下。

▲ 先锋植物

既然沙子不能够轻易地埋掉它的果实，那么当它长成树的时候，总可以埋了吧？但是刚蒂姆树并不会轻易地屈服。它的桠枝很细，桠枝上面也没有多余的叶子，只要沙来了，它能轻易地躲过沙浪的侵袭。当沙浪很大的时候，它就需要和沙子做斗争了。它需要不断地向上攀爬，不断地长，这样才能够偷偷地冒出小脑袋，看看天上的太阳。当这种树长成了之后，它的树干能够穿越整个沙丘。所以，当沙丘移动的时候，刚蒂姆树就可以把沙子固定在原位。

除此之外，刺沙蓬还需要和风做斗争。当狂风试图把沙子从根底下刮出来的时候，刺沙蓬就躺在沙子上，用根深深地抓住往外跑的沙子。

除了刺沙蓬会巩固沙子之外，一些草和矮树叶也有这样的作用。在这些植物的控制下，沙丘会越变越小，沙浪也会越来越低。最后，这些流沙就会变成一个个固定的小山丘。在这场战争里，植物将会是最后的胜利者。然而，当这些植物赢得了胜利之后，等待它们的将会是死亡。因为第二批植物会生长出来，取代它们的位置。

用飞机来播种

在自然界里，植物就是禁锢沙子的锁链。既然我们知道了沙子的秘密，那就可以利用这一点来改造自然了。然而，沙子为什么会移动？归根结蒂都是因为我们人类自身的过错。如果想要让沙子回到自己的位置上不再乱跑，那有什么办法呢？

我们需要保护沙漠里稀有的森林。在砍伐树木的时候也需要注意，不能整株地砍伐，要砍伐多余的树枝。在放牧的时候也需要保护好牧场，不能长时间固定在一个地方放牧。

然而，对于那些已经被毁坏掉的地区，我们又怎么做呢？

我们要放任它们吗？不，我们需要去栽树种草。等待草自己生长出来，那时间也太漫长了。所以，我们可以用飞机来进行播种。飞机在沙漠上空飞行，种子就像雨点一样降落到沙漠里。这样，我们不但能够控制住沙子，也能够制造出一个新的牧场给牛羊。

驱逐沙丘

是什么东西把沙丘带到我们的田地里？是风！那么有什么办法可以帮助我们赶走沙丘？是风！为什么如此说呢？难道我们给风下达命令，让它吹走沙子吗？不是的。风没有这么听话。然而，我们可以用智慧来驱使它。

风吹的方向是有规律可循的。在冬天的时候，它会向一个方向刮。在夏天的时候，风又会刮向另外一个方向。

我们正是要利用这一个规律。当夏天的时候，风不是向我们刮来的话，我们就不需要多加理会了。任由它从我们这里带走沙子。然而，在冬天的时候，它会带着沙子来侵袭我们的田地和村庄。在这个时候，我们栽种的树木就来阻挡它进攻的步伐。我们能够根据规律来采取适当的策略迎接它。夏天的时候和它做朋友，冬天的时候就把它赶回沙漠去。

▲ 防沙固沙

游牧民族

现在我们一起来谈论一下游牧民族吧。

为什么游牧民族会选择过这样的生活呢？为什么他们的牛羊需要靠着自然供给来生活呢？自然供给就是草原上的草。他们依靠草来生活，哪里有草，他们就到哪里去。到了冬天的时候，皑皑白雪覆盖在草上面，为了能够吃到食物，牲畜们不得不用脚踢开雪，把草刨出来。但是，也有可能会遇到找不到食物的情况。在这个时候，游牧民族就需要停止游牧。那么他们怎么生活呢？

在这个时候，他们需要房子、干草。除此以外，人们还需要医院、电灯、发动机等东西。为了满足冬天的需要，他们需要准备足够的干草来避免饲料荒。除了需要这一些东西之外，他们还需要有牲畜栏来圈养牲畜。

古时候，游牧民族都是以吃肉为主，基本上没有吃过蔬果。有的孩子长到很大了也不知道苹果为何物。其实，游牧民族不但需要吃蔬果，还需要建立果园和菜园来满足日常的需要。因为对沙漠进行了改造，以前不敢想的事情现在都能轻易地办到了。或许这也是由科学和社会主义以及人们的劳动力所缔造出来的。人们懂得，独自一个人是无法完成这么多的事情的。如果一个人解决不了的事情，就找一个劳动组的人帮忙；如果一个劳动组的人做不了的事情，就找几个劳动组的人帮忙；如果几个劳动组的人都做不了的事情，就找整个共和国的人来帮忙，整个共和国都完成不了的话，那就整个苏维埃共和国联盟会一起解决。

改造沙漠并不是独自一人就能够完成的事情，而是上百万人一起努力才能完成。

无论是卡拉冈达煤矿，还是卡拉布加兹盐场，或者是恩巴石油区的油井架，这些都是我们共同努力的成果。过去，有不少的民族因为生存的需要而出现大规模的迁移。现在，我们却大规模地让人民都安定下来。在首个五年计划中，就有超过十万户的游牧人民安居下来了。现在，科学站的科学家们都在研究沙的移动轨迹，实验农场里一批又一批的新植物出现了。就在1933年的夏天，就有一个车队跨越了中央亚细亚沙漠。

沙漠不断地变化着，人们的生活也在不断地变化着。

第02章

新来的主人

每年都会有几个月在沙漠的东部西伯利亚地区形成反气旋。正是因为这一个反气旋，把气流都带到气压低的地方去。于是沙漠里的热空气也称为“旱风”，像一把隐形的大火向气压低的地方扑来。当它经过果园和田地的时候，庄稼和果树都被烧焦了。

隐形的大火

中央亚细亚有些地方十分炎热，太阳把沙子晒得都快要着火了，在一些偏远的地方，如古比雪夫、顿河、乌克兰等地方，小麦都有可能会被太阳烤干枯，果园里的树也有可能会凋萎。如此看来，沙漠的危害是多么大。

沙漠除了有沙之外，还有空气。沙漠里的沙和空气都不是固定不变的。它们会对流，也会各自流动。沙子比较沉，移动并不容易，也不会走得太远。但是空气却不同，它能够随处移动，一跑就跑到几百甚至是几千千米之外。

夏季里，沙漠上方的空气就像是一团火，热烘烘的。在夏季这几个月里，太阳似乎要把所有的热量都倾注到沙漠里，然而这些力量对于沙漠来说并没有多大的作用。如果沙漠变成了森林和田地，那这些太阳光就能够做很多的事了。在阳光的帮助下，绿色植物可以制造出人类需要的纤维、加速水循环等等。但是，沙漠是一个缺少水、没有绿色植物的地方，有的也是低矮的树木及沙丘。

那么太阳的能量会到哪里去呢？平坦的沙漠就像是一面镜子，把炽热的太阳光反射给宇宙去，这也能解释为什么沙漠上方的空气会热腾腾的原因了。这些热空气、热气流会流动起来。这些气流是从何而来呢？

每年都会有几个月在沙漠的东部——西伯利亚地区形成反气旋。正是因为这个反气旋，把气流都带到气压低的地方去。于是沙漠里的热空气也称为“旱风”，像一团隐形的大火向气压低的地方扑来。当这股热风到来的时候，树上的叶子都微微地卷缩起来，田地里的麦穗干枯了，植物凋谢了。经过果园和田地的时候，庄稼和果树都被烧焦了。除了热空气之外，还有一些灰尘。萨拉托夫和古比雪夫的农民说道：“波斯人一定是在抖袍子了。”

每当这个时候，整个天空都弥漫着浓浓的烟雾，太阳也变了颜色。然而，造成这样的景象并不是因为烟，也不是因为雾，而是风把沙漠里的灰尘给带来了。当地人都会称作是“霾”。被这一阵风刮过的地区都变成了沙漠，众多的树木都死掉了。

然而，苏联并没有因为这一阵风而造成巨大的损失。因为有里海保护了它。当旱风准备继续侵袭的时候，大片的水阻挡了它的去路。如果不是因为这 43.6 万平方千米的水域，那么苏联的南方地区和黑海沿岸都会被吸干了。来自沙漠的空气在这片水域上冷却下来，当它离开里海的时候，已经吸取了足够的水分。这个时候，它会到高加索，在那里，雨水变成了雨雪降落到雪山上。

然而，里海只是保护了苏联的一部分地区。其他的地区是任由敌人来攻击的。曾经有不少的民族走过里海和乌拉尔之间的大门，来到苏联。他们有的会奔向西部，有的会向北部走去。

▲ 伏尔加河

水文研究所为此制作了一幅地图。在这幅地图上面标记了空气最干燥的地方以及最炎热的地方。我们能够从地图上了解旱风行走的方向。它会从沙漠的正中央出发，然后会在里海上空来回绕一段时间之后，顺着伏尔加河下游，沿着黑海沿岸漂移，最后来到了乌克兰。这就是旱风行驶的路线。

然而，顿河草原、乌克兰和伏尔加河左岸都是苏联最美丽的地方，也是最为肥沃的地方。苏联绝大部分的小麦都是由这片地区提供的，可是，这些地区现在正受到威胁。在近 30 年里，伏尔加河左岸遭受到旱灾次数达到了 19 次，如果这些地区有充足的雨水补给的话，那么它将会有更加好的收成。

储蓄水

旱灾影响了庄稼的收成，这究竟是谁的过错？有人说，这是自然规律，是不可避免的。事实并不如此，我们是可以和旱灾作斗争的，我们能更好地耕种田地，让田地储存更多的水，不让雨水和雪水浪费掉。除此以外，我们还能够种植一些节省水源、水利用率高的植物；我们可以通过拔除杂草，不让它有任何机会抢夺植物的水分和营养。

我们还可以改造河流，更好地利用河流灌溉田地。我们还能广泛地种植树林，保护田地不受热风的吹袭。

以上的措施是制服旱灾的主要工作。可是，有的人并没有真正地和旱灾做斗争，相反他们不断地纵容它，任由它侵略。在日常的生活中，人们没有节省水资源，也没有储蓄水。这里所说的储蓄水并不是说装在桶里，而是把水藏在土层里。

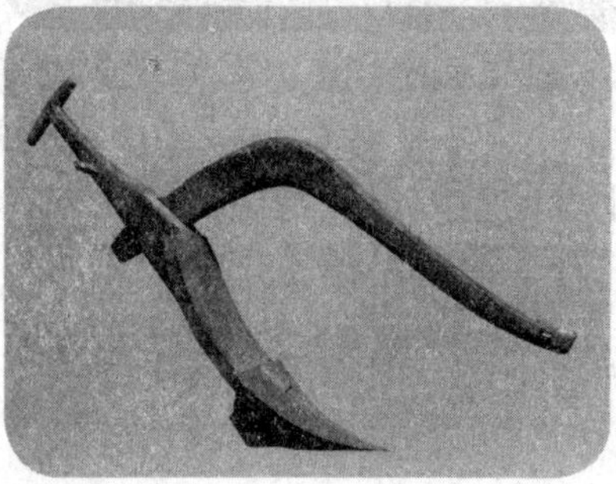

▲ 木犁

农民在耕地的时候也是很有技巧的。犁地不但能够把土变得松，也能让种子和生活在土层里的细菌住得更加舒适。土地经过犁一犁后，空气和泥土更加亲密地接触，也让水分更好地储藏在土地里。春天，这些仓库蓄满了雪水；夏天，这些仓库就蓄满了雨水。如果不这样做的话，这些水就会流到小溪、小河里去了。这也是精耕细作的奥妙所在了。

然而，我们耕地的水准却相当糟糕。直到现在，一些地方依然采用旧式木犁而不是铁犁。耕作的时间和方式也不科学，再加上土壤结构不好，所以土壤变得更加糟糕了。到了冬天，土壤就被冻坏了，雪融化的时候，就不会渗透到土壤里去。在夏天雨水降临的时候也是这样，水哗啦啦地流走，就白白地浪费掉了，土壤什么都没有留下。

这个时候，旱风来袭的时候，所有的麦穗都枯萎了，仅剩的一点水也被杂草夺去。如此一来，我们又怎么能够种出好的粮食呢？除此以外，人们还大肆地砍伐森林，这不是给旱灾打开了一扇可侵略的大门吗？

两条路线的异同

如果要收获一吨的小麦，就需要耗费1500吨的水。假若用火车来运载这些水的话，那需要用一辆一眼望不到头的水槽车来日夜不停地运输。在夏季，每公顷土地需要消耗100辆车皮的水。事实上是，我们并不需要自己运输水，而是任由水自己流到田野里去。

水和铁路相类似，因为它们都有固定的路线。

“海洋—陆地—海洋”，这是水运行的一条路线。第一段路是“海洋—陆地”，而第二段路线则是“陆地—海洋”。当水流经陆地的时候，就会带来一大批的货物，如盐、腐殖质以及黏土。当汇入大海之后，它又会从空中返回到陆地上，再重新运输货物。现在，水跑了一趟，就夹带了上百万吨的东西到海洋去。这一些东西对于植物来说，是无比珍贵的补给品。

曾经有一个美国人计算过，水每年都会从陆地上带走众多的财物，如偷走了6300万吨的氮、磷、钾，其价值达到20亿美元。

事实上，水带走的货物在路过森林、草原等地方时，所夹带的货物已经被植物们拦截下一部分了，不然，按照这样的速度，土地早就一贫如洗了。

水除了“海洋—陆地—海洋”之外，还有另外一条线路，就是“土壤—植物—土壤”。这一条线路有什么特别之处呢？水并不是永远都奔腾着的，它也会像火车那样在中途下车卸下货物的。田地需要水，更需要水所夹带的货物。

那么，如何才能够让水停止奔腾的脚步呢？

每年都会有一个时候是会让水停下奔腾的脚步的。在这个时候，你能够随意地摆弄它，你也能够随意地踩踏它。一般来说，人们都称这一个运动为“积雪运动”。在这个时候，很多的官兵都被指挥去参加积雪运动。他们会把雪堆积起来，再用芦草、枯枝等把雪给盖住。在这个时候，他们会在斜坡上挖出众多的横沟，这些横沟能够阻止雪水流到河流里的。

到了雪开始融化的时候，这些简单的建筑就能够锁住水，让水留在土层里。如果在山坡上多种植一些树木，就能够让水流得更加的均衡，不会一下子往下冲。

除此以外，森林脚下还有很厚的腐殖质，这些由干枯树枝和落叶堆砌而成的“地毯”吸水能力十分强。森林能够按照自己的意志来分配雪，太阳照在森林里，树木就能够一点一点地把热传递给雪。树木就像是融雪器一般，慢慢地把雪融化掉。当这些水要流失的时候，地面上的土壤也解冻了，此时的土壤就会饥渴地吸取着春天的雪水。

河水泛滥成灾

在夏天，森林里的湖沼和小溪都会把水分配给周边的农田，也会把水分配到各个河流里去。然而，那些过度砍伐森林和焚烧森林的人则不会想到这个问题。他们砍伐的脚步来到分水岭上的森林，那么灾难就会降临到他们的身上。当水被释放出来的时候，水就会席卷田野，卷走黑土、腐殖质以及一些有机肥。当大水退去之后，留下的只是瓦砾和沙石。当夏天到来的时候，土壤里已经没有水可以提供给植物了。过度开垦的土地也会因为没有森林的保护而出现了干裂。在这个时候，土地干裂的症状会比任何时候都要

▲ 土地荒漠化

严重。

到最后，土地荒漠化的问题越发严重，我们又能够怎么拯救它呢?

今天的黑土地，明天的沙漠

曾经有一部书名叫《俄罗斯——本国地理大全》。这本书详细地介绍了俄罗斯的地理知识，它的卷数有很多，足足能够放满一个书架。每一本书的封面都会带着一面三色旗以及一只头戴皇冠的双头鹰。

通过这本书，你能够了解到俄罗斯帝国任何一个角落。如森林、草原、河流、湖泊、沙漠以及地主庄园等等。在这本书里，你除了能够了解到地理知识之外，你还能够了解到俄国著名的人物。

我随手翻开一页，就能看到：

斯特列卡洛夫，地主。

斯特列卡洛夫，工厂主。

斯特列卡莫乌霍夫家族，地主。

斯特洛加诺夫，伯爵，土地所有者。

斯特鲁维，工厂主。

斯特鲁维，地主。

斯特鲁意斯基家族，地主。

斯特鲁科夫家族，商人。

斯徒卡洛夫，工厂主。

苏沃罗夫家族，大公，地主。

苏吉因柯，地主。

苏金·波里斯，军官。

苏科夫金，地主。

三色旗下面的俄国主人

地主、工厂主、军官、商人以及伯爵，这一些人都是俄国显赫的人物，也是三色旗下俄国的主人。那么这一些人是如何当家的。对于这一方面，书本里面有众多的介绍。在第二卷里讲道：

“在19世纪初，地主就把森林改变成为耕地，并且不断地扩张耕地面积。”

“在解放农奴之后，地主不再给农民派发木材。他们到森林里砍伐了众多的木材，用来销售给别人。”

“地主们尽可能地从土地里面挖掘财富，把森林出售给别人，让别人去砍伐。”

“农民什么都没有，就连到森林里捡取树枝的可能性都被扼杀了。”

小树林长成森林要多少年

从以上可以看出，地主们严格地守着森林，不让农民去砍伐森林。事实上，他们并不是在爱护森林，而是保护自己的私有财产而已。农民砍掉一棵桦树，就要被罚钱。地主们不愿意让农民砍伐他们的森林，却愿意整片森林出售给别人去砍伐。为什么地主们会有这样的举措呢？因为树木长得缓慢，利益见效不快，如果把卖掉森林的钱存到银行里，那么获得的收益就会多出很多。曾经有一篇论文指出，现在黑土越发贫瘠，正是因为滥伐森林所导致的。在当时，有一位学者叫博格达诺夫，他指出：“如果再不及时进行治理的话，那么今日的黑土将会成为明日的沙漠。”然而在地主们的眼里，未来的利益并不如眼前利益重要。

▲ 滥伐森林后，水土流失的速度越来越快

砍伐森林的速度越来越快了，水土流失的速度也越渐严重了。木材和谷物的价格都在下跌，砍伐森林才慢慢地告一段落。在交易所里，谷物和木材的价格跌宕起伏，让不少的投资者都头疼不已。然而，正是因为这些小把戏让水土流失更为严重。

一无所有的农民

从前，俄罗斯的主人能够随意地处理森林。但是农民却连捡取枯枝的权利都没有。

在《俄罗斯》一书中，简单而具体地讲述到农民所面临的状况，以及地主所拥有的权力。对于农民来说，他们没有木头来建造房子，也没有木柴来点燃烧火，这样的生活要怎么过呢？

涅泥拉老婆婆想修理一下她的小房子，向大管家符拉斯讨些木头。

《俄罗斯》还介绍道：

“用干草盖成的低矮小茅屋是用烟熏过的。之所以会这样，是因为没有足够的材料来建筑房子，只好用各种木头拼凑而成，有白杨木及白柳木等……茅屋的后面是用篱笆围绕起来的。在最严寒的天气里，篱笆无法为牲畜遮风挡雨，很多牲畜都被冻死。为此，农民不得不把牲畜卖掉，把一些小牲畜崽放到屋里。仅仅 25 平方俄尺的地方，就挤满了一家人。”

“因为屋里有牛羊，为此屋里很少人会铺上地板。”

“因为不少打谷场和建筑物都是干草搭建起屋顶的，为了救命，也只好用一些白柳来遮掩了。在俄罗斯中部地区，那些村庄更是不堪入目。对于老人家来说，没有烟囱的房子是很伤害眼睛的。因为在生炉子的时候，睡在浓烟里是很痛苦的……”

“有的老人因为长期睡在没有烟囱的屋子里，导致双眼瞎了。农民没有洗澡堂，只能够在暖炉旁洗澡。”

在《俄罗斯》一书里面，我们能够充分地了解到俄国农民的生活方式。因为有“牛和羊”所以他们生活的房子是泥地板。“因为有干草屋顶”所以

▲ 20 世纪初的俄罗斯农民

村庄十分难看。“因为没有烟囱”导致老年人的双眼都瞎了。这种种的“因为”是“由于”……

究竟是什么导致了这样的情况出现？真的是因为牛羊吗？真的是因为烟囱吗？

农民的茅屋仅仅是 25 平方俄尺[1]，那是因为木料太贵了，人们支付不起；没有洗澡堂，因为木料太贵了；没有防寒牲畜棚，也是因为木料太贵了。种种的原因，都是因为木料贵吗？森林的所有权是属于地主的，是他们规定了木料的价格。然而，他们却去劝农民种植白柳，因为白柳能够“放火”。这是多么可笑的放火材料啊！

书里还说：“在饥荒年的时候，农民什么都没有了。既没有粮食、也没有饲料去喂养牲畜，更没有燃料，甚至睡在露天。在这个时候，想要生存下去只好吃晒干了的艾蒿，只能睡在各种杂草上面。”

1 俄尺，俄罗斯长度单位，1 俄尺≈ 0.3048 米。

这就是过去人们的生活。

屋顶上的茅草用来喂牛羊了，牲畜的粪便用来烧火了，田地里已经没有肥料了。人们在收割完之后，就把牲畜赶到田地里。他们这样做并不是糊涂，而是这一切都不是属于他们的。他们既没有牧场，也没有森林和草地，就连一间房子都没有。

可怜的农民

想要让农业得到进一步的发展，森林、草地以及田地都应均衡地发展。但是，农民并没有森林和草地，他们只能够耕种田地。在《俄罗斯》一书里有这么一句话："农民得到的，仅仅是耕地。"

▲ 农民用木犁耕地

没有森林和草地，耕种是十分困难的一件事情。没有草地，那意味着没有饲料，没有饲料就意味着牲畜会没有粪便，那田地里的庄稼就得不到肥料了。这似乎形成了一条生物链条，一环接着一环。由于没有饲料，马匹十分瘦弱，这也使得农民不能够使用铁犁，只能使用木犁。

在《俄罗斯》一书中写道："铁犁在农民中使用并不普遍，这很大原因是农民的马匹太过瘦弱了。"

用旧式的木犁怎么能够耕种出好的庄稼呢？耕种 20 厘米就需要翻 20 厘米高的土，5000 吨的土能够把 300 节的车皮装得满满的。那么，使用木犁的农民又如何耕种一公顷的土地呢？

巨大的破坏

1908 年，俄国内务部宣读了一份报告："俄国大部分的农民每年都面临饥饿和死亡等威胁。"

饥荒年接连不断地出现了，每到饥荒出现的时候，农民都会把家里的东西变卖掉，希望能够用仅剩的余粮来度过一个寒冷的冬天。收买旧货的人穿梭在各大村庄中，他们趁火打劫地收购一些廉价的东西。老祖母把小褂和头巾都变卖了，妇女们把自己的头发都卖掉了。然而，这一切都变卖掉之后，又能够熬多长时间呢？当一切都没有了的时候，他们怎么办？讨饭吃吗？谁会可怜他们，给饭他们吃呢？

在 1891 年，《俄罗斯新闻报》上报道了全国面临饥荒等新闻，指出："饥民一天到晚都在路边行乞，却得不到丝毫的施舍，只能够赤手回家。"在这个时候，有人就放出高利贷。即使有一部分的人能够侥幸地活到了春天，他们也把所有的粮食都拿去还债了，剩下的余粮根本无法满足温饱。

1891 年报纸刊登："人们由于没有粮食可吃，就以一种叫藜的野草来充饥。但是，现在藜也已经余量不多，距离下一次收成还有一年的时间。在这样的情况下，既没有马铃薯、白菜，也没有饲料喂养牲口，更没有东西生炉子。"

"农民们用藜熬出一锅带着臭味的东西，撒上面粉之后做成面包，这种食物连猫狗都不吃。如果是空腹吃下的话，会出现恶心呕吐等症状。"然而，就是这样，饥饿的农民把藜都吃完了。城市里的客店都住满了人，原本是 200 人居住的地方，却有 1000 人入住，警察不得不驱赶饥民返回乡下。全国就像是被人洗劫了一般。这一次饥荒让农民饿坏了，却养肥了一些商人和富农，这些人就是靠饥荒发达的。

在这个时候，政府发布了对付"粮食歉收"的政策，对受灾的省份进行发放贷款。在这4000万人里，只是发放了4800万卢布的贷款。这也说明了每人每年只能够领取一个卢布左右。在这样的情况下，不少贪婪的手伸了出来。

众多的票子不断地流转在官人、粮商、会计员、富农等人的手中。这上千万的卢布并没有真正地用到饥民的手中。有的人狠狠地赚了一把，更多的人因此而饿死。

后来，农民买到的粮食并不是小麦，而是小麦和沙子及黑色野草混合在一起的“粮食”。在发放粮食的时候，又受到了层层剥夺。例如，家里有几十袋粮食的人却被放到饥民的表格中，领取国家分发的粮食。而那些真正的饥民，最后又有多少人能够领取到粮食呢?

1891年10月，萨马拉县阿巴谢夫村有699人，总共领取了62普特黑麦，平均统计下来，每人每天获得的黑麦不到1/8磅。在这样的情况下，人们又怎么能够满足温饱呢？然而，只有55岁以上以及15岁以下的人才能够获得粮食补给，余下的人就需要去做工，他们被派去修建铁路和马路，他们一天辛勤地劳动仅仅得到9个戈比。

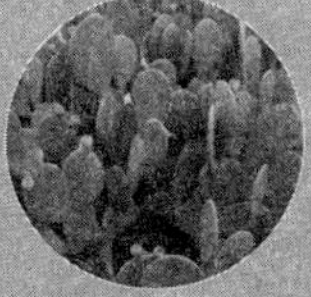

第03章

·植物总动员·

世界上的植物种类繁多，它们各有各的特点。有耐寒的、有抗旱的、还有抗病虫害的，有体型高大的、有茎可以直立不倒的，还有颗粒硕大的。可是，从没有一种植物是没有缺点只有优点的，那些人们需要的特质和特点，从没有在同一种植物身上出现，所以很多植物都没能通过人们的筛选。

新 生

我们的主人一到这里，就立刻动手重建自己的家园。

战争期间，人们忙着打仗和躲避战争，田地就荒废了，如今的土地已经被各种各样的杂草“占领”了。而圣彼得堡的大街也已经成为杂草的“根据地”。废弃的火车有的滞留在铁轨上，有的脱了轨，有的甚至烧坏了。在工厂里的机器也已经覆盖上了厚厚的一层灰，而灰底下的铁锈则要花上好一阵功夫才能得到清除。

根据目前的状态，要做的工作真的很多。

首先要做的就是，恢复那些残旧不堪的工厂、城市、铁路和荒芜已久了的田地。将它们重新改造一番，以新的面目向旧制度展示人民的力量。

只要我们去阅读一下旧报纸就会对那些制定了全国电气化计划的人感到诧异，他们在当时——圣彼得堡和莫斯科整个陷入黑暗的时期，怎么拥有沉着冷静的头脑，拥有如此犀利而远大的目光，制订了这份伟大的计划！

最重要的一步还是，在国内战争结束以后，马上就着手农田的恢复工作。而最艰难的一项就交给了苏维埃科学家——将全世界的植物都动员起来，这需要多么大的勇气啊！

俄国的农民几百年来播种的方式都是随意随性的，根本就没有什么计划，只不过是把谷物和杂草、好的种子和坏的种子、大的种子和小的种子、适合不同土壤生长的种子，全部都混在一起播撒到农田里。

农民们只要播完种就完全不在意田地里的植物生长如何。他们不管这些种子需要多长的发芽期，也根本不考虑它们的生存范围。最典型的一个例子就是，在同一块地里，同时生长这 15 种黑麦或小麦。

农民只是为了播种而播种，而谷物也跟随主人的性子，随意地生长——

病的继续病，瘦的继续瘦。除了这些人祸，再加上可恶的战争，这里的田地几乎被彻底地荒废了。

是时候把这些田地恢复原来地面貌了。

这次要种上新品种，种上适合当地土壤和气候的、品质优良的品种。

▲ 随意播种的黑麦

正是在这个恰好的时机里，苏维埃政府决定派遣人员到世界各地考察植物，招募一队精锐的植物特种部队来为苏维埃国家的粮食安全服务。

异乡来的植物

像这样类似的植物动员行动，很久以前就已经在别的国家进行过。成为这项工作的“领头羊”的国家是美国。

美国农业部就曾经派遣考察员到世界各地，他们历经千辛万苦，几乎踏遍世界每一个角落之后，终于带回了多种植物——阿根廷的无刺仙人掌，中国的桃子，喀剌哈利沙漠的野西瓜，可以提取香油的巴西棕榈，可以从中提取并且制作成治疗大麻疯药品的暹罗的珍奇植物……

考察队员还将许多其他的珍奇植物带回华盛顿。

他们带回来了一大堆生机勃勃的茂盛的采集品和标本。这些采集品和标本是非同一般的，不是博物馆里面一成不变的早已风干的标本。

他们从这些采集回来的植物精挑细选出最好的品种，并且将它们小心翼

▲ 无刺仙人掌

翼地栽植在美国的土壤里，为丛林、田地和果园的发展打下坚实的基础。现在在美国的田地里，生长着乌克兰的小麦，小亚细亚的大麦，台湾的稻米，非洲的苏丹草；而在花园、果园、丛林里则栽种着中国的灌木丛，撒哈拉的枣椰树。这些栽培植物几乎都来自异乡，都是在不久以前“移民”过来的。

而有趣的是，美洲的“土著”的植物并不多，最出名的则莫过于是马铃薯、棉花和玉米了。因此，在美国，不仅人是移民过来的后裔，就连植物也是一样。

还要告诉大家，我们常喝的巴西咖啡也并不是巴西的原始品种，它也是从非洲移植过去的。

不同民族的人民

苏联考察队向美国学到了一些东西。但苏联却并不是盲目地跟从，而是批判继承。

究竟美国人寻找植物的方法是怎样的呢？

最终发现，美国人是坚持一个精神，只有不想去的地方，没有不能去的地方；只有想不到的，没有做不到的。

苏联考察队决定开辟一个新的方法来寻找。他们要在有限的时间和工具里，用最短的时间来熟悉这个星球上的植物库。

但是如果真的要这样行动，一开始的计划就应该在从莫斯科和圣彼得堡出发前制定好完善的计划——在地图上规划好，去寻找什么？到哪里寻找？例如去哪里才能找到最好的小麦、最好的棉花和最好的葡萄。

他们在动身之前，还回想一下人们劳作的久远历史，那些尘封在记忆里，关于几千年劳动人民的农民生活，这样才能更好地实行计划。

苏联科学家就是根据这样的思维方式来推断的。

以前，在某些农业国家中，当人们栽培出一种新的农作物的时候——例如小麦，在以后的几千年当中，这个国家的农民就会继续在生活经验中创造出不同的小麦品种，一代一代地更新。有的品种麦粒多；有的则是麦穗的颜色形状不一，形态各异；有的品种耐寒，有的则是不耐寒。

当然，这些由人类创造出来的小麦并不仅仅生长在本土里，它们随着骆驼、马、小车的脚步，散落到世界的每个角落，造福人类。每一个民族都在不停地迁移，寻找更好的家园。

军队随着自己的扩张版图一次又一次地转移战场，商人则只是关注自己的利益，哪里发展商机大就往哪里去。亿万颗小麦就这样从这片土地辗转到另一片土地，随着人们到处旅行，到处传播生机。从远方而来的麦粒在不同的地点都留下了它们数以万计的后代，这也使得地球上的麦田面积越来越大。就是经历了这样的发展过程，小麦成为了这个世界上主要的粮食之一。不同的小麦品种去了不同的国家定居，欧洲、美洲、澳洲的各不相同。只有在那些古老的农业大国才保存了最完整的品种种类——那些后代早已占据别国的田地，而最优秀的小麦品种却从没有离开过故乡。

由此可见，小麦品种越多的地方，就越是古代劳动人民往外运输小麦的地方。

可是这些古代小麦的发源地究竟在哪里呢？又如何才能找到这些地方呢？我们怎样才能更好地运用这些几百年甚至几千年的劳动经验呢？最好的

办法就是回到过去，追寻过去的历史——发掘古时各族人民和商队的旅途踪迹，随着几千年前的小麦一起，倒着走回原来的那一条路，那一条原本通往故土的乡路。

但是，我们又应该怎样去寻找和辨认这些蛛丝马迹呢？这些原本就稀少的踪迹在经过千万年的洗礼后早已无影无踪了。

只要我们从曾经是城市和道路的地方定点，然后从这里往地底下挖掘，直到发现出坍塌的房屋地基、雕刻着花纹的瓦罐或石头，就可以确定这里就是各族人民曾经走过的路了。因为这些古老文物是最真实的证明。

有些时候，这些文物不仅会告诉我们这些真相，还会让我们知道我们要寻找的那些东西究竟在哪里。曾经就有过这样的例子，科学家在金字塔里面的古代陵墓中发现了盛着小麦和稷的器皿。

文字手稿也是发现它们的线索之一。人们根据这些很久以前就找到了的手稿来研究古代人民的生活历史和语言文字。但是，谁也不曾想到，这些破旧的羊皮纸、草纸手稿能够指引我们寻找到那些不知名的谷物种类。这让许多历史学家和考古学家破天荒地去研究起古代哲学家的著作家来——亚里士多德、普林尼、哥鲁梅拉、提奥福拉斯特、第欧斯克里德的著作。

只要是提及起古代谷物——小麦、稷的地方，他们都会很小心翼翼地将逐行逐句逐字摘录下来，非常耐心非常精细地工作。而在亚里士多德的著作里面，就有一处提到当时的人们是用单颗的小麦来喂猪的。这句话就是一个说明，单颗小麦的故乡应该是在希腊附近的小亚细亚或者是其他什么地方的，这是一个非常有力确切的新证据。因此，一些古代作家著作里面一个偶然的发现，一个细微的注解也将成为指点我们找到正确踪迹的很好线索。

在一些古代的手稿文献里面，我们还有可能遇到一些关于古代农艺方面的详细记载。就像那些希腊和罗马的旅行家就在文字中告诉我们，他们在旅途中看到了什么样的农田，当地人在上面栽种些什么样的作物，好客的当地人又是拿什么谷物来欢迎他们的到来。

当然，仅仅阅览手稿是不足以完成这项任务的。想要在旅行家的记载中寻找，是不能将小麦的发源地完全挖掘出来的，还要去研究人们的真实情况，去看看农民在什么地方播种了什么种子。

▲ 亚洲小麦品种

并不是所有的小麦品种都能够享受环游世界的乐趣，有些品种只能遗憾地遗留在了半途上。在这条大道上行走，越是往前，就越是品种稀少。能够真正走得很远很远——几千千米以外，只剩下为数不多的几种罢了。

尽管研究全世界的田地并不是什么容易之事，但是有了一些前人科学家的努力和经验——他们编绘了多幅世界农业地图——这些地图上都用不同颜色的符号或型号，三角、十字、圆圈、方块来表示植物的品种，这样一来难度就降低了不少。如今，如果你想要了解原小麦的所在地，就可以从地图中的欧洲、亚洲北部、非洲上的相同符号得知。而这也说明，原小麦的品种在那些地方并不多。仔细观察就可以发现，越靠近亚洲西南部，越靠近于都库什山，喜马拉雅山，符号就越多：绿色的连着蓝色的，蓝色的连着红色的，星号连着三角，三角又连着十字，十字竟然还连着圆圈和方块。真实五彩缤纷多姿多彩的地图啊！看，这就是根据指引所得出来的追踪方向了——那指向阿富汗山里的某个地方，凭借科学的力量，终于为考察找到了一条正确的道路了，追寻目标之路终于浮出水面了。

于是，1924 年苏联派出寻找精锐的植物特种部队——植物考察队前往阿富汗了。

不一样的日记

这些前往阿富汗的苏联科学家路途上是非常艰辛的，毕竟他们要找的是在科学上还是未知的小麦品种。

当时的阿富汗还是属于无人问津的一个国家。几百年来，欧洲人都没有办法到达那里。19世纪末，一个英国旅行者说道：

“一个偶然误闯阿富汗的外国人，如果能够安然无恙地、完好无缺地带上自己肩膀上的脑袋走出来，那就是上帝在保佑了！”

一直到1919年，阿富汗才对欧洲人开放边境。

于是，这个已经好几百年来和世界隔绝的国家就迎来了三个苏联科学家来访。他们跟着当地的向导指引的方向，没有用任何地图，也没有使用固定的路线，在整个一星期里，漫无目的地瞎跑着，寻找着……

尽管如此，还是让这些旅行家来讲讲他们是如何穿越阿富汗山脉的亲身经历吧。

下面的几个片段，就是从他们的日记中摘录下来的：

10月20日，越过巴伦的山隘……这山隘的海拔有4760米。我们远远就可以遥望到那山顶的终年积雪，想要穿过山隘的路线，只能在茫茫的白雪中细心寻找。旅行队在山道里艰苦万分地移动着，真的是一步一个脚印。因为人与马都陷入了雪地里，寸步难行。因此，我们不得不牵着马行走了。尽管有大雪的干扰，让我们看不清一点道路的痕迹，但是向导们凭借着自身的经验，他们曾经做过的记号，带领着我们有惊无险地前进着。

往回走的山路崎岖难行，甚至比上山时更困难。我们足足奔跑了一个半小时，才到达海拔4300米的一个完全结冰了的小湖畔，我们在湖畔旁边稍作休息。紧接着，我们还是继续狂奔下山。时间又过了四五个小时后，我们终于艰难地跑到了海拔2900米的地方。由此可知，在这6个小时之中，我们已经往山下奔行了2000米……

10月21日，傍晚时分，我们在一个临近小河流的树林里停驻。而点燃起熊熊的篝火，就是为了把野兽吓跑……

10月22日，我们继续赶向瓦马……路途艰难险阻，要爬过一道险陡的石坡。有些时候，我们前行的路会被悬崖峭壁上的巨大石头和从上面断裂坍塌下来的石堆阻挡住，寸步难行。这下山的路更是难上加难……我们曾多次用胳膊来挎着从马上卸下来的多余重量，想要减轻马的负担，很费劲地牵着马度过了悬崖……这段路程真是每时每刻都困难重重：因为从过巴伦山隘的时候起，马的铁蹄就已经丢失了，这让马的前进非常困难。不是马脚卡进了石缝，或被吊在了悬崖上，要不就是行李从悬崖上掉落进河里。而目前为止，我们唯一的希望只有一个，那就是把马保存下来……越接近瓦马，路就越难前行。这样难走的路让我们不得不每走半个钟头就停下来商讨一下，该如何继续前进——从一块岩石到另一块岩石上去……

10月23，我们再次出发了，这次的起点是瓦马。在古萨里克有很多的土匪强盗，因此没有当地人愿意给我们旅行队带路。我们花了大半天的时间并且先给了5个卢比，才说服了4个加菲尔人。还向他们说明，并不需要把我们带到古萨里克，只要到距离那里几千米地方就可以了。去的途中又是险阻不断……这样的体验让我们真的觉得好像每一步都在有人在背后使黑手一样，好像每一步都在想方设法地阻止我们不要走下去。一会儿是悬崖峭壁，一会儿是一米多高的石级。接下来的更甚，我们要渡过一座早已破败不堪的由小树枝编织而成的桥，这也是唯一的路。当前头一匹马的脚陷在破烂的桥面里，并且发现无法再继续前行后，我们就只能停下脚步，运用自己的智慧，搬来树木和石头重新建造一座桥……

我们还需要从这些旅行家的日记里摘取许多页，才能够让大家更清楚、更深刻地了解到他们所经历的困难和所要克服障碍的真实情景。

遥远的国度

苏联科学家们到达了阿富汗山里，他们发现自己真正踏进了一个非同寻常的国度了——那里的一切都非常独特，包括人、房屋、语言和风俗习惯。

这些旅行家找到了一个独特的城市。在这里，并没有传统意义上的房屋，只有六层高的、数量整整有 12000 个的窑洞。因此，这个城市的大小不能说长和宽是多少，而应该讲长和高是多少。这些窑洞分为人工和自然的。而悬崖上则挖了许多小路，为了方便人们可以从这一层通到另一层。而在这 12000 个窑洞里面，有两个是比所有的窑洞都要大的，它们是特殊的存在——不是给人预备的，而是供神。而在这两个全城最高的窑洞里，有着两尊能够高达洞顶的巨大佛像，一大一小，大的甚至达到了 53 米那么高。

旅行家们还找到了一个外观像白杨树上的蜂窝似的村庄。而这个村庄藏得隐秘，因为一开始旅行家们并没有发现——在下面是无法看见这个村庄的。当我们想要欣赏它的时候，就只能抬起头仰望，那个时候就会发现它的奇妙之处。那种建筑方式——村庄里的木头建筑物都是用柱子支撑着的，高度是一层层往上递增的。人们可以借助那里巧妙的阶梯随意地从这一层到那一层，从这条街道到另一条街。而正是因为这种建筑构造，让这个村庄乍看起来就好像是悬挂在半空中，更像是鸟儿精心所筑的巢。

在这个国家里，不但城市和村庄很特别，连这里的人也是如此。行走在这片土地上，每走几分钟的路程，就可以在大街上发现形形色色的人，更有各不相同的语言、服装、房屋和不同的肤色、眼睛和头发。我们可以在这里体验到童话里经常提及的“遥远的国家”，因为在这片土地上真的居住着许多遥远的民族。

▲ 河富汗窑洞

这是一个所有的房屋都是由木头构成的，像蜂窝一样紧密分布的村庄。而在这个村庄的隔壁，则有着另一个独特的村庄——它是建筑在石头基础上的土房子。而这里的村庄尽管地域上非常接近，却讲着截然不同的语言。一个村庄讲法尔斯语，一个讲普什塔语，另一个则是讲加非尔语。对于太阳的叫法，不同的村庄也有不同的说法。一个是叫“阿甫吐勃”，一个称为“叶耳马尔”，另一个则叫它作“宋”。正是因为这些语言上和文化上的差异，使得两个相邻很近的村庄如同陌路，村民互不熟悉，连样貌也迥异：有像欧洲人一样的，白面孔，黄胡子；也有像非洲黑人一样的黑皮肤。不同的人种，穿着也不同。有的人穿着各种颜色的长袍、肥裤腿，还要缠着头巾；有的则身披一件只挖了两个窟窿当作袖口的羊皮衣服，真的像个原始野人一般。

究竟是谁把这些“遥远的民族”赶到山里面去的呢？使得这些语言各不相同，风俗习惯也各异的不同民族聚居到同一座大山里。

想来应该就是那些侵略者做的“好事”了。

从古至今，阿富汗的山脉和草原早就已经被侵略大军视作是自己的大门了，随意进出。这些浩浩荡荡的军队包括亚述人的战车，带着弯弯长弓的射手队伍，穿戴着铜甲胄的马其顿亚历山大的步兵，骑着长鬃小马的成吉思汗的草原骑兵，他们都是这里的“常客”。如果要形容这些队伍究竟有多少，那就让他们沿着狭隘的山谷移动，估计几个钟头都走不完。

那些曾经是居住在山麓平原部落的人被侵略者赶到了深山老林里无奈地生活。他们为了保存自己的种族，于是在高山背后的新家园里，完好地保留下属于自己民族固有的古老风俗习惯、语言、装束，还有那些曾经在自己家园里种植过的植物。

这些部落的族群只能一个跟着一个地在这大山里定居下来，像住在一级级阶梯上一样居住在这里。因为在这崇山峻岭的阻挡下，他们只能和山外的一切世界断绝来往，甚至邻居也老死不相往来——毕竟翻山越岭是一项很难的事，更不要说让这些逃亡者从窑洞里重新爬出来，再次遇见那些侵略者。而且，在这里，如果一个村的村民到了另一个村，就会被当作是强盗。

而这些苏联旅行家现在要去的地方正是好像这些鸟巢、蜂窝、兽洞一般的村庄里。

这里小块的田地，山谷溪流当中可爱的绿色植物，就好像是特意为他们的到来而保留着那些古代农民所栽培的植物。

新种类

历经千辛万苦，这些苏联旅行家们终于到达了他们的目的地。

在这高耸的群山屏障后面，在这翠绿的山谷和梯田上，他们找到了越来越多的软小麦的品种。这些软小麦各不相同：麦穗不同——有红的，有白的，有蓝的，还有黑的。这些麦穗有的或嫩而软，或粗而脆，或带着柔软的绒毛，或是光秃秃的。麦芒不同——有的足足有手指那么长，有的却很短，有的甚至一点麦芒也没有。麦粒不同——有长形的，有椭圆形的，有接近圆形的；有大的，有中等的，有小的；有白色的，有红色的。

而最让人惊喜的是，在同一块田地里竟然有 15 ~ 20 种小麦，而最为稀有的矮麦竟然能够在整块田里看到。

旅行家们采集了一些新变种的品种，这是科学家还不知道的物种，于是科学家为它们起一个名字，一个像一般植物共通的严肃的拉丁文字。

Triticum vulgare Kabulicum Vav。

Triticum vulgare Geraticum Vav。

Triticum vulgare Badachanicum Vav。

从这些名字中可以总的看到，三个民族和三个时代里面所有的话。

而 Triticum vulgare 则是小麦被古罗马人所叫的名称。

Kabul（卡布尔）、Great（盖拉特）、Badachan(巴达赫香)，从这些名字就是知道现在它们仍然还保存着中世纪的阿富汗城市和区域名称。

Vav 是苏联科学家瓦维洛夫的名字缩写。

独特的博物馆

“物是人非”在这里并不能真正体现。中世纪的痕迹并没有就这样轻轻地消失在微风中。我们在现代仍旧能够看到过去的事物或者是它们曾经存在过的痕迹。

只要细心，我们总能够在偌大的地球上找到仍然保存着几百年前“风采依旧”的某些城市。以下的文字就是科学院院士瓦维洛夫对于盖拉特这个城市描述的情形：

街道没有任何铺砌的痕迹，更不要说是路灯。而在雨天里，不留心的路人就会在狭窄的盖拉特街道上，被坑坑洼洼的路面溅得满身脏……这还不是最难忍的，可恶的脏水顺着水沟的地势，构成一个又一个的水坑，长年累月，在里面还会长出草——这也被当地人讽刺地称为盖拉特的绿色湖泊……最可怕的还有，人与牲畜的饮用水竟然是一些肮脏的水池供应的。在盖拉特，人们很难度过一个美好的夏天，因为到了那个时候，整个城市都被笼罩在一股恶心的气味中，令人作呕。

可怜的就是，在三四百年前的巴黎，也曾是此情此景。当时，在没有铺砌的街道上没有路灯，只有月光照路。因为街道的中间就是水沟，因此人们倒水的时候就只能往路中间泼，当时的人们一边把盆中的脏物往外泼一边喊着："小心水"。一个只身坐车来到巴黎的德国公主的日记完好地保存了下来。而她的日记中记载了在她初次乘车来到巴黎街道的时候，被那里臭气熏天直接熏倒在车内，就是形象的例子。

在这里，各族人民拥有一个永远活着的历史博物馆，那就是阿富汗的城市和村庄，它更是各族人民劳作工具、栽培植物的活着的历史博物馆。

这里是一个全开放式的博物馆，人们可以从中欣赏到许多东西，不用像其他博物馆一样隔着厚厚的玻璃模糊地观看里面的一切，而是直接，毫无阻隔地，完完全全地，真实地了解到博物馆里面的所有一切。例如，在那边早已经堆积成山的甜瓜和石榴，还有一堆堆的葱、胡萝卜、豌豆、香蕉和萝卜，装得涨鼓鼓的羊皮口袋……研究历史的标本的最好选择，莫过于这些诱人的东西了。

在这里大家还可以深入研究从野甜瓜、野石榴、野核桃、野豌豆到现在的甜瓜、石榴、核桃、豌豆的全部历史。而花上几文钱，大家就可以随意选购那些拥有各种特征和特性的品种，并且将它们全部摆在你的脚下，供你挑选。

意外的惊喜

在卡布尔街市里面，我们可以从中了解到黑麦发展的全部历史。在这个地方，当地人谁也看不起黑麦这东西，它在当地是被人用来喂马的，没有人关心它。这可怜的小玩意儿是“自力更生”的，它甚至是无名氏。而当地人都随意地称它为“根都姆达尔”。在那里，“根都姆”的意思就是小麦的杂草。“根都姆达尔”这个随意的名字就是小麦当中的不知名东西，人们之所以这样称呼它，是因为它和小麦是同生同长的。卑微的“根都姆达尔”像杂草一样卑贱地长着，因此人们在观念上也认为这也是杂草之一。

可是，那黑麦又是如何“自力更生”地和杂草一样自己给自己播种的呢？例如，就像是鱼目混珠在田地里的野燕麦一样，黑麦的穗就是如此地散落一地，随风就飘散传播到田地的每一个角落。到了小麦收割的季节，人们就会发现到处都已经播下了黑麦穗。可是，农民们在劳作之前总是要像打扫自己专属的房间一样，精细地将田地打扫一遍，把里面多余的“杂物”清除掉。杂草易除，但黑麦却并非如此，多如牛毛的麦粒已经在泥土的深处安家了。然后，我们最后就会发现在自己田间长出来的并不完全是小麦，却是混在一起生长的小麦和黑麦。

有趣的是，黑麦在家乡被视作是杂草，但到了国外却和别的作物一样，并且还“升职”了——几乎成为我们日常生活中必不可少的谷物。这究竟是为什么呢？

如果大家想要明白个中奥妙，就必须从喀布尔出发，到大山深处走一转。

所谓“高处不胜寒”，就是在说，海拔越高，温度越低。在那座海拔2500米的高山上，早已经没有小麦的存在了。因为不耐寒，小麦被冻死，活下来的就是坚强得多的黑麦，而这里的田地里现在也只是生长着黑麦了。

在苏联北部也发生过同样的情况——小麦从南方而来，带着黑麦一起到了那里去。

人们随意地将种子播撒下去，结果就只能是，小麦死了，黑麦还生长着。问题就是，那些原本是要散落麦穗的黑麦究竟经过一个怎样的过程才能够蜕变成现在的不散落麦穗的黑麦呢?

事情的真相原来如此。

阿富汗有许多不同品种的黑麦，而这些品种中刚好就有麦穗不散落的。散落的和不散落的黑麦都在田地里“共同生活”着，到了丰收的季节，散落麦穗的黑麦早就已经将穗子落在地面上，躲过镰刀的“追杀”，而不散落麦穗的黑麦被农民的镰刀割下来。人们将它们一起拿去脱粒，然后一起装进口袋里，等到来年的时候一起播种。

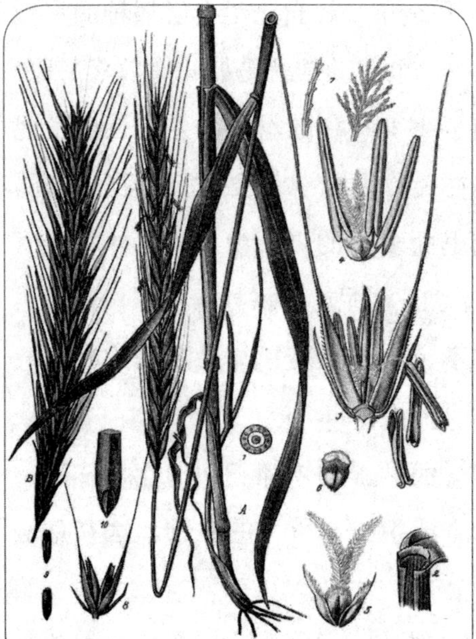

▲ 裸麦又称黑麦，是一种在温带地区分布很广的谷物。

这些不会散落麦穗的黑麦要比那些会散落麦穗的黑麦要狡猾得多。黑麦想要逃离却被清除，也懂得“抛砖引玉”，它们饱满的外形像对主人说：“请把我也一起播种下去吧。”

当农民迁移到了山里或者是北方的时候，那些散落一地的黑麦麦穗就这样被人遗忘了，因为地上都是杂草，谁也不会注意还会有麦穗让他们去捡，农民只会带上小麦。而这个时候，和小麦一起呆在口袋里的不会散落麦穗的黑麦就安然无恙了，像没打票的乘客一样坐在那里。而农民把带来的种子播撒出去的时候，更加顽强的耐寒的黑麦就抵挡住了严寒的考验，并且顺利地存活下来。

就这样，人们就只好吃小麦和黑麦做成的黑面包了。

这也是以往的人们改变自然的最好例证。人们仍然在辛劳地工作着，虽然播种的小麦，长出了黑麦，但这也是一个意外的惊喜。

齐聚一堂

苏联的考察队陆陆续续地从世界各地回来了。每一支队伍都是满载而归的。

整个植物家族从世界各国骑着马和骆驼，乘着火车和轮船远赴苏联来开家庭聚会了。来的不是一种萝卜，而是几十种叫“萝卜”的植物；不是一种小麦，而是上千种小麦。

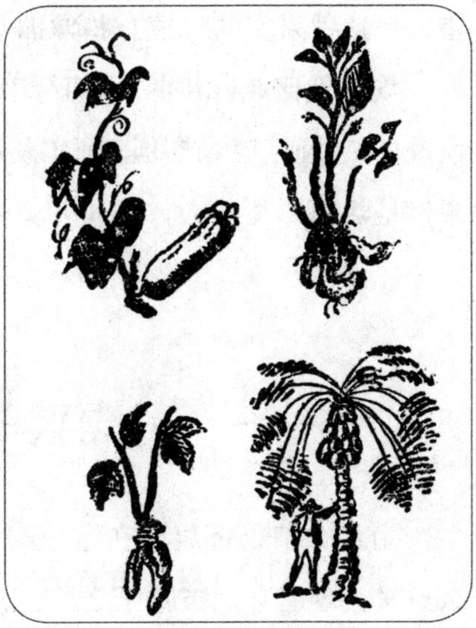
▲ 各种水果

大田作物——蔬菜、果树等7000种植物从阿富汗而来。

珍贵稀有的李子、樱桃、硬壳果、无花果、甜瓜等10000种植物跟随着儒科夫斯基教授的考察队从小亚细亚远赴此地。

茄科的全科——马铃薯和它的同科植物，从南美洲的秘鲁、玻利维亚和智利等国来此赴盛宴。

茄科植物背后还有一个非常有趣的历史。那就是，在美洲新大陆发现不久，一个旅行家把这些在当地普通常见的马铃薯当成宝贝一样带回了欧洲。然而他并不知道居住在南美洲山里的印第安人还有更加出色的品种，这些马铃薯并不是很多，因此它们就全部被装进这个旅行者大衣的口袋里了。

不过这个品种却比其他的更加幸运。这个旅行者远渡重洋，并且选择在欧洲定居下来。所以现在欧洲的马铃薯地里种植的都是这一批马铃薯移民的后代。它们非常幸运地被他选中，并从美洲到欧洲再到世界各地，甚至到达了北美洲继续发展。如今在美国吃的马铃薯，原来曾经两次渡洋呢！

苏联科学家尤柴普楚克和布卡索夫去过马铃薯的故乡，他们也到秘鲁、玻利维亚和智利等地区，他们在这些地区里发现了众多的马铃薯的品种。除了马铃薯之外，他们还发现了美洲的土著特产：玉米、扁豆、橡胶植物等东西。这些东西很多都是我们没有听说过的。大家知道伊奥塔、乌留柯、库比欧、阿拉卡却等东西是什么吗？安诺那吧是一种带有水果味道却有点像橡胶的食物，它甜美多汁，广泛地受到当地居民的喜爱。而龙波塔则是长在树上的“糖蛋”，这种果实的味道有些像加了糖的蛋黄。

埃塞俄比亚、伊朗、西班牙、葡萄牙、意大利、中国、日本、蒙古、摩洛哥、埃及、叙利亚、巴勒斯坦、阿尔及利亚等地方来的植物都奇迹般地在苏联集合，果然是热闹非凡。

需要经受考验

为什么植物都集聚在这里呢？旅行家花费这么多的精力去寻找它们有什么意义？难道它们被晒干之后，就是为了摆放在玻璃盒里面吗？

不是的，应该是有别的命运在等待着这些植物。它们的子子孙孙分布在大千世界的任意角落里，或许会和一些优良的品种结成亲家。如果是这样的话，那么世界各地的植物都需要经历一次考验了。

苏联科学家进行了一项研究，他们从世界各地采取不同种类的植物进行种植，从中选择出最优良的品种。有的人得知了这一项调查之后，写信来：

请你给我们一些耐旱的小麦。阿尔汉格尔斯克就有人写信要求：请您给我们一些耐寒的蔬菜种子。克里木和高加索则希望获得葡萄种子。

不同地区，不同组织的人对于种子的需要是不同的。事实上，应当满足所有的要求才能够进行订货的，而这时科学家们遇到了难题了。这些能力不错的“异乡客”来到了这里，竟然很快就衰弱下去了。为此，在刚开始的时候给客户选择的种子都不太适合。

即使为客户提供了最全面的种子，但是客户依旧觉得不太好。其中有一种来自美国的“马尔吉斯”的种子在它家乡十分受欢迎，谁知道来到俄国之后却被淘汰了。

现在出现了另外一种情形，生活在赤道附近的马铃薯来到了北极圈地区，也没有发生特殊的变化。如此看来，植物都是需要经过一番考验才可以得到证明的。

创造新的植物

大家听说过化学实验，也知道物理实验，但是大家知道地理实验吗？事实上，地理实验时时刻刻都在进行着。在苏联，就有上百个地区在进行地理实验。什么地方发生了地理变化，就在哪个地方进行地理实验。

打比方说，在克里木的艾皮特里山上种植了上百种小麦，接着把相同数量、相同种类的小麦种植到山脚下。它们所接受的照顾是相同的，使用的肥料都一样，白昼与黑夜的时间是相同的。在这样的情况下，它们会有什么样的变化呢？

等到种子发芽的时候，有的科学家就注意到小麦的发展状况了。在其他条件相同的情况下，测量出哪一种小麦更加耐寒。

所有的植物来到这里，都是需要经受这样的考验的，只有通过考试才能让它们享受到苏维埃“公民”的权利。在这个测试的过程中，我们一共接触了几十万种的植物。然而，能够通过考试的植物并不多，有的植物能够耐寒，却不能够抵御昆虫的侵害；有的植物能够抵御昆虫的侵害，却容易被冻死。在层层的选拔中，培育出既耐寒，又能抵御昆虫侵害的植物。

我们总结一个真理，如果找不到我们需要的植物，那我们就创造出一个合适的植物。

神奇的石头

和金属打交道并不困难。现在，想要在自然界里面寻找到天然的铜，那将会是一件困难的事情。我们日常见到的都是铜矿石，而铜就是从这一种矿石里面提炼出来的。

现在，我们之所以会拥有机器以及飞机、轮船、铁路，全都是因为我们并没有只是在寻找某一种天然的金属，而是巧妙地使用各种合金。比如来自全世界各地的植物，某种意义上说也应被视作是一种矿石材料，我们应该对它们加以改造，这样才能让它们物尽其用。

世界上的植物种类繁多，它们各有各的特点。有耐寒的、有抗旱的，还有抗病虫害的；有体型高大的、有茎可以直立不倒的，还有颗粒硕大的。可是，从没有一种植物是没有缺点只有优点的，那些人们需要的特质和特点，从没有在同一种植物身上出现，所以很多植物都没能通过人们的筛选。

虽说植物是另一种意义上的矿石，却不如矿石容易处理。如果是矿石，我们完全可以熔炼它们，以便获得需要的部分，抛掉那些不需要的部分。可是植物就难对付多了，想要将植物中的某种特质单独剔出，并不容易。怎样将活的植物中的一种特质与另一种特质分开呢？请看下一章。

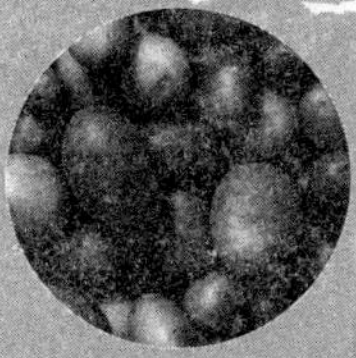

第04章

如何创造植物

当人们无法掌控自然的时候，地球对人类来说不过是一片荒漠。只有当人们能够掌控天空、土地、海洋、植物和天气，能够做自己的主人的时候，地球对人类来说，才不再是荒漠。人类应该将自己居住的地球、以及其他行星都管理得井井有条。

超前的人

高尔基曾经在他的著作《童年》里描述过外祖父家的一个房客：

他的房间被很多箱子和书籍塞满了，那些书很厚，都是我从没看过的；他还有很多瓶子，里面装着各种颜色的液体、铅条、铁块和铜块。他总是穿着不合身灰格裤子和棕色的皮外套，那些皱皱巴巴的衣服上早就沾满了各种颜色，还散发着难闻的味道。

他总是忙着做称量物品、融化铅、焊铜片等工作，偶尔也会吹吹自己被火烧到的手指。有的时候，他会兴奋地大喊大叫、一颠一颠地奔到墙边，揩揩眼镜，凑过去看墙上的那些图纸，他离纸很近，那白而瘦直的鼻子几乎碰到纸面，仿佛他不是在看图，而是在用鼻子闻。而有的时候，他也会闭着眼、仰着脸、一动不动地站在房中或窗边，仿佛痴呆了似的一言不发。

这个人吸引着我，为了远远地看看他，我一连在屋顶上待好几个小时，隔着院子看着他和他的屋子。只见他的桌子上燃烧着蓝色的火焰，那是酒精灯在燃烧；他正在笔记本上记录着，在酒精灯的映照下在墙上留下一个黑色的人影；就连他的眼镜片也反射出冰冷的蓝色光芒……他的工作就像是“幻术”一样。

对于这个访客，其他人的态度并不像高尔基这么包容，尽管他的“古怪”行为并没有影响到其他人的生活，人们却并不喜欢他，一开始是躲着他走，到后来，直接把他给赶出去了。在外祖母的口中，他是一个魔法师：“他究竟是个什么东西，只有天才知道！”外祖父则絮叨着：“他糟蹋房子，还弄坏了地板和壁纸。他简直是人类的敌人，这样的祸害可不能留！”

当时，这样与周围格格不入的人还不少，比如卡卢加省城里就有一个。他是一名中学教师，住在城外，到了深夜，他的小木屋依然灯火闪烁，他不是在批改作业，他在忙着分析数字和图样。这个教师想要发明某种东西，某种并不能用以致富的东西。

在当时的卡卢加，车轮经常毁损或是深陷泥泞，可是他已经在发明无轨火车了；在当时的卡卢加，普通电车也不过是人们眼中的“新鲜事物”，可是他已经在发明能够搭载千名乘客的全金属飞艇了；在当时，人们还觉得一个普通气球能飞上天是一件很神奇的事情，可是他已经在发明可以用于人造行星航行宇宙的火箭了……

他在郊外的小木屋里，发明不是他唯一的工作，他的工作还包括写作。他写道：“当人们无法掌控自然的时候，地球对人类来说不过是一片荒漠。只有当人们能够掌控天空、土地、海洋、植物和天气，能够做自己的主人的时候，地球对人类来说才不再是荒漠。人类应该将自己居住的地球、以及其他行星都管理得井井有条。”

这个可怜的学者没人赏识，在编辑部、在档案柜、在技术协会，他的那些理论成果、书稿和图纸统统被人们冷落了，就连是和他最亲近的人现在也觉得他太超前了。于是这个“出世太早”的人只能自己出钱给自己出书，并在书上用俄文、法文印上通讯地址……

俄国·卡卢加·乔尔可夫斯基

他想着在世界上的某个角落也许会有人赏识他、给他赞助，到那时这个地址就可以派上用场了。他也许不会想到，就在离他所在的卡卢加不远的科兹洛夫县城里，也有一个与他一样“出世太早”的人。这个人就是之前在车站上敲钟的人。

这个人为了买一个果树苗圃，辞去了工作，还卖掉了祖上留下的房子。

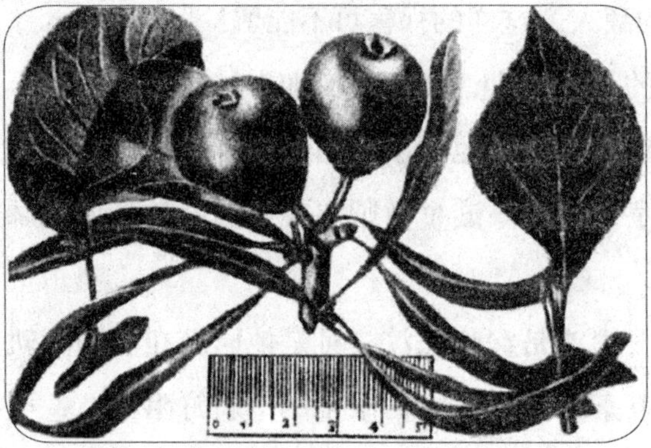

▲ 米丘林梨

他住在果树苗圃里的一间小房子里，并不是为了从事有关苹果、梨的买卖，而是为了“改造俄国的园艺”。他的目标让科兹洛夫的居民听得云里雾里，他说：“咱们现在的果园里，果树都是野生或半野生的，那些安托诺夫卡苹果、阿尼斯苹果、保罗温卡苹果、格鲁肖夫卡苹果以及无子苹果乱七八糟地生长着，它们长得还行，就是口味太贫乏了。同时，外国的新鲜水果品种只能生长在地主家的温室里，那些果子虽然口味独特，却根本无法适应室外的生长环境。咱们的果园太遭了！可是如果我们能将那些著名的外来水果品种们各自的优点结合在一起，那该多好啊！”

“我们可以从所有的莱茵特苹果、堪地勒苹果、凤凰卵苹果、波蒙纳苹果以及别里皇家梨当中提取出它们独特的香味和颜色，再将这些独特的香味和颜色与我们本地的安托诺夫卡苹果、东柯魏特卡苹果、保罗温卡苹果等本地品种坚忍生长特性结合在一起。”人们对这个人的话半信半疑，不过在那些接连出现在苗圃里的、人们从未见过的植物却是真实存在着的。

这个园艺家将“莱茵特·波罗”苹果的花粉洒在“普通安托诺夫卡”苹果的花上。后来，结出的果子里的种子就发了芽，成了名叫“斯拉夫女人”的新品种。“斯拉夫女人”苹果既继承了“父亲”“莱茵特·波罗”那甜美多汁的细腻果肉特点，也保留了“母亲”“普通安托诺夫卡”的坚忍特性，就连零下5℃的严寒也奈何不了它了。

这个园艺家也在梨的身上做起了实验。他用一棵远东野生的乌苏里梨与“别里皇家”梨树进行了杂交实验。后来得到了五颗种子，最后用这五棵种子种出了五棵梨树。其中两棵梨树长得并不是很好，还有两棵比较好的，分别是托勒斯托别日卡、拉考夫卡，而其中长得最好的就要算是米丘林东别里了，这个名叫“米丘林”的园艺家十分喜爱这株梨树，便用自己的名字给它取了名。

▲ 米丘林

米丘林东别里梨越长越好，11 年后，东别里梨树首次结果，共产下 25 个果子。到了下一年，它长出的众多果实就已经压弯了它的枝头。它这一次产下了 150 个更大的果子。毫无疑问，它继承了法国父亲“别里皇家梨”甜美的滋味，也继承了母亲的耐寒品格。那些果子不怕磕碰，受伤了就结疤，而不是腐烂。

在园艺家米丘林的苗圃里，这样的果树家族还有很多。为了得到能够适应俄国环境并且能提供香甜多汁的鲜嫩果实的植物品种，他大胆地将那些特点千差万别的植物品种进行杂交。在他的苗圃里，有来自世界各地的不同品种植物——“中国种”、“波斯种”、“日本种”、“蒙古种”、“美国种”——的后辈子孙们都在安然地生长着。米丘林通过用来自俄国伏尔加的野樱桃与宾夕法尼亚樱桃杂交，得出了一个很好的樱桃品种；他将法国的“白色冬季、加勒维”与“中国种”苹果相互杂交，最后种出了顶级名贵的苹果。

不过米丘林做过的尝试还不止这些。他将乌樱桃和酸樱桃、甜樱桃和酸樱桃、波斯山楂与花楸、西伯利亚山楂与花楸分别进行杂交，于是很多世上没有的新奇野果出现在他的园子里：“北方佳人”的樱桃果子大而甜，“塞拉帕都斯”的酸甜味甜樱桃的果肉是黑色的，还有那一串串的石榴花楸，味道实在是甜美极了。甚至，他还曾用安托诺夫卡苹果跟圆醋栗、红醋栗、花楸、梨、李子、樱桃等分别杂交，最后得到了一些形状不规则、种子表面凹凸不平的奇特苹果，这些都被他完完整整地记录在他的书里了。

几十年间，米丘林研究种植出来无数新奇的优良植物品种。可是那些珍奇果树并没有被广泛种植。在米丘林的园子外面，人们依然在种植那些酸涩的“安托诺夫卡”苹果和“东柯魏特卡”苹果。看来，米丘林与乔尔科夫斯基一样，对于他们生活的那个年代来说，他们出世得太早了些，人们还无法接受他们，也就没有人需要米丘林的工作了。

但是，相比起出世太晚，出世太早还不算坏。做一个“将来”的人，总比时时处处都过时要好，因为时间也在赶路，它终究会赶上来的。革命发生后的一天，住在科兹洛夫城的米丘林接到了来自莫斯科的电报：“你这在做的培育植物新品种的实验很有意义，希望你能立刻做一份报告，给人民委员会主席列宁看。”于是，米丘林所从事的工作就变成了一个神圣的事业，一夜之间，全国人民都需要他的工作了。

▲ 米丘林城

现在，米丘林的苗圃已经扩大到好几千公顷土地了，许多植物的新品种从这里被培育出来，随后再被送到位于全国各地的那些实验站中去。与此同时，城市里建立起来米丘林高等园艺学校和米丘林科学研究所。还有几十个科学家在米丘林的苗圃里工作……我们现在提到米丘林，已经不能称呼他为“科兹洛夫的园艺家”了，相反，米丘林已经成了科兹洛夫城的标志，人们现在称呼科兹洛夫是“米丘林城”。于是，这座城市就有了新名字——“米丘林斯克”。

植物制造厂

现在，对于植物我们不是毫无办法了，因为我们已经拥有诸多的植物设计局、植物修理所和植物工厂。如果觉得有必要“修理”某种植物，只要把它送去“植物修理厂”——实验站就行了。那里有考察队从全世界各地收集来的植物品种和改良品种，人们用这些品种与它杂交，便可以轻而易举地修理好那些植物。

这就像是在一所工厂里，工程师可以随意为工厂挑选零件，在那些植物工厂，工作人员也能将自己需要的植物品种和特征都单独挑出来，为自己所用。人们为植物编制户籍目录，将各种植物按产地特征分类编成目录，以便需要的时候可以方便查找。凭借着这个植物的户籍记录，人们可以轻易地查询得知：“抗旱早熟小麦的产地是阿富汗，而印度的小麦是圆珠形麦粒的。”通过植物目录，人们可以找到各种特征的、各种改良品种的植物。

在植物工厂，人们按设计图样、按计划创造各种植物。比如，植物研究所的研究人员就定下了为北方农民创造快熟的、产量大的春小麦的目标。然后，他们就会从已经搜集到的那些来自世界各地的植物样本中选择出所需要的特征，也就是具有快速成熟、产量大等特点的植物，再用它们互相杂交，将诸多人们需要的特征集合在一个植物身上。在人们最后得到的“理想植物”身上，有着奥涅加小麦、印度小麦、加里西亚小麦和西伯利亚小麦的影子。

对于新培育出的小麦品种，人们还要对它的生长习性进一步进行测试。

在北纬62度的地方，人们种植下了这种“新品”，人们发现这种小麦表现还算合格：经过北方短暂的夏季后，“新品”的麦粒产量多。可是这种新品并不完美，它的麦粒很容易就会脱落，不是十分坚韧。于是人们便开始考虑如何让这种“新品”变得更完美。于是，新一轮的杂交开始了，最终，人们通过“新品”与斯堪迪纳维亚小麦的杂交，得出了理想中的既坚韧又产量大的小麦新品种。

就这样，人们不断进行杂交实验，越来越多的植物新品种就被人们创造出来了。黑麦与小麦、速生草与小麦、萝卜与白菜、芥菜与白菜都能杂交，于是萝蒲、白菜与芥菜三个就有了共同的亲戚……这样的植物杂交也并不是百分百能成功。人们不是每次都能掌控好手中的植物。

人类若想让那些植物材料能乖乖听话，按照人们的想法杂交出“理想”的植物，还有很多事要做。不过现在人们已经开始行动起来了，而且还小有成效。

比如速生草和小麦之间的杂交就很成功。小麦更是受人宠爱的农作物，但它不抗旱，十分容易生病，还不耐寒。而速生草却不然，它是一种耐寒的抗病野草，生命力旺盛，十分强悍，能将身边邻居的水分都抢过来。很明显，如果没有人，小麦早就被速生草打败了。

人带领着小麦与速生草进行着艰难的斗争。那些速生草繁殖能力十分惊人，只要一棵成熟，就能落下上万颗种子，那些种子都发芽后，就是一片速生草。那些草是人们用手除不完的，拔了一棵，还有一片。如果齐津——那个首先提出调和小麦和速生草间的矛盾的天才科学家，没有大胆地提出这样的设想的话，人类与速生草之间的斗争还将无休止地持续下去。经过无数次的实验之后，齐津和他的同事们终于成功地用速生草和小麦杂交出了优质的小麦品种。这全新的小麦品种拥有速生草的长寿命、抗寒、抗旱、高产、根系坚韧等特点。而且这些新品种小麦以及他们的后代生长习性都十分稳定，都经得起时间的检验。

有生命的建筑物

现在,我们又有了一个更加宏大的目标,那就是将全国的土地都改造一遍。在那广阔的几万千米土地上，我们将进行一项史上从没人做过的工作：有计划地移植和创造植物。因为，在北方的极寒地区，港口、矿山和工厂的工人们都需要蔬菜；因为在广袤的沙漠里也有人在生活和工作。我们需要把丰富的物产平均分配到全国各地去，让环境最艰苦的地方也有诸多植被也有新鲜的食物。

就在不久之前，苏联曾经将整个国家的土地划分为不同用途，比如有的地方是工业区,有的地方是专门负责农业生产的农业区。农业区生产出的粮食、马铃薯、蔬菜、肉类和油脂等物品被人们运送到工业区去，非农业区只能依靠农业区的供养。不过现在，全国各地都成了工业区，到处都是工厂、城市。显然，单单依靠农业区是无法满足全国的巨大需求的，况且农业区现在也要供养自己的工人和城市了。既然这样，何必还区分什么工业区和农业区呢?要知道土地就在那里，只要加以利用，就能回报给人类丰富的物产。

人们开始希望到处都是苗圃、田地了。人们当然需要能适应北方严寒的、或是不惧南方酷暑干旱的各种农作物品种。想要解决农业的供给问题，人们就要针对不同的气候和土壤类型来改造植物。这也是一场建设活动，只不过这场建筑活动没有砖头瓦块、钢筋和混凝土的参与，这是一场以活着的细胞为材料的建筑活动，而培育出的新品种就是建设的最终成果。

从国家的西部边疆，一直到太平洋，这样的建设活动在广袤的国土上轰轰烈烈地展开了，人们在刚开始发展农业的北极圈进行着建设，人们也在传统的农业地区中亚细亚进行着建设。成千上万的人将那些活的建筑材料从世界各地运来，然后按照人们对植物的要求，在实验室和实验场上从事着实验活动，人们按照事先的设计来建筑植物的建筑物。

这些工作听起来挺复杂，不过人们对此却有着周密计划。

关于马铃薯的故事

从世界的某个角落找到需要的植物品种，或者是创造一种全新的植物品种都不是一件容易的事情，不过在找到、创造出植物品种后，还有更艰巨复杂的工作等着人们。毫无疑问，如果人们没办法学会用合适的方法、在合适的地点种植那些植物，就算是那些植物品种再好也没用。由此可见，学会管理新植物就是接下来要做的工作了。下面我们要讲的是就是关于来自南美洲的马铃薯的故事了。

▲ 五颜六色的马铃薯

苏联科学家们从南美洲带回了这些植物，它们看起来像是马铃薯，可也像是菠萝。你也许会觉得我们本地也有土豆，费尽心力将这些相貌平平的家伙从远方带回来，简直是费力不讨好。你真这样想就错了，要知道，我们虽然也有马铃薯，可是我们的马铃薯里可没这个品种。

作为一种谷物之外的主要粮食，马铃薯无疑在我们的生活中扮演着重要角色。但是，普通的马铃薯身体娇贵，既怕冷又爱生病。到了秋天，人们必须及时将它们从土地中挖出来，因为它们碰见霜就会死掉。马铃薯还很容易生病，比如德国每年就因马铃薯的传染病损失 2000 万马克的马铃薯。我们需要马铃薯，可是种植现在的马铃薯品种，对我们并没有什么好处。

于是，苏联的科学工作者们从全世界各地搜集植物时，也找到了其他的马铃薯品种。它们有的天生抗病能力很强，还有的生来不怕霜。对于我们那些远在北方的农场来说，耐寒抗病的马铃薯正合适。于是，科学家们就将老家在智利和秘鲁的新品种马铃薯运到了“红色农民”实验站。

科学家们将来自南美洲的马铃薯种在了北方。那些马铃薯生长得看起来不错，至少它们也长出很多根。可是，这些马铃薯却不愿意生长块茎。这是为什么呢？要知道，人们将最好的土壤都给了它们，还精心照料它们，马铃薯们的生长环境比疗养院还舒服。就在这么舒适的环境中，马铃薯却不生块茎。那怎么办？难道费了这么多心思就这样放弃吗？当然不。

于是，人们开始反思，是不是还有什么地方做得不够？莫非是圣彼得堡这边有什么东西让马铃薯们感到不适了吗？人们想到了马铃薯们在它们的家乡——智利和秘鲁的生活。发现圣彼得堡的春天白天显然要短一些。要知道，每年 4 月中旬之后，圣彼得堡的晚霞就几乎与晨曦连接上了，那时夜间会变得很亮，这就是人们熟知的“白夜”。谜底就这样被揭开了：来自南美洲的马铃薯不喜欢白夜。

墙壁和天花板

植物是挑剔的。像南美洲马铃薯这样的例子还有很多。想要将植物从原来的生长环境带到另一个陌生的地方，还要让它们顺利地适应新环境，并不是一件容易的事情。原产自北方的植物不愿意住到南方去，来自南方的植物也不喜欢北方的环境。整个地球就这样被诸多植物的天然分布划分成了不同区域。这里是小麦的生长区域，那里是葡萄的地盘……春天的温度哪怕只低

2~3℃，棉花就不长棉桃了；而马铃薯，只要白昼长了两三个钟头，马上就不准备长块茎了。

要知道，人们将这些植物搬来挪去可都是为了他们自己方便，并不是为了让那些植物挑三拣四的。现在的问题就是，怎样才能让那些植物突破固有的居住范围，在新环境里茁壮成长呢？

天花板无处不在。飞机有天花板，超过它的“上升限度”，它就再也没法上升了，各个物种也有各自的天花板，那些天花板限制着物种的生长。最大的限度就是：冷热的限度。

人类也不例外，人类也有承受环境的限度。可是人类将自己的限度给提升了。人类怕冷，他们就利用房屋、皮袄和火炉来取暖，于是就连极北的地区也有人类的身影了；人类怕热，他们就利用房屋和衣服来限制热度，于是沙漠也有了人烟；人类习惯日出而做，日落而息，他们就用人造的光将日夜的界限挪开；人类不能在水下生活，他们就利用潜水服在深海的海底待上一会儿；人类不能飞起来，那他们就用热气球升到高空，去呼吸一下高空的新鲜空气……就是这样，人类周围的界限、那些限制人类的墙壁就被搬到了越来越远的地方……

那么，既然人类能帮自己将界线都挪开，那他们也同样可以帮自己需要的那些生物挪开那些界线。那是一个屋顶之下的人造世界，人类为自己和自己的家畜、植被创造了一个“理想”世界。人们决定给远方的植物建造一座房子，以便它们即便在北极圈也能好好生长。人们并不准备只造几个小小的只能放得下少数幸运植物的温室，他们想建造一座覆盖整个田野的大厦，他们希望那座大厦能够在人们的意志下改变季节和昼夜情况，这样就万无一失了。

可是，怎样才能建造一个能盖在整个茫茫田野上的屋顶呢？

给植物住的房子

▲ 现代化的温室大棚

想要给田野加一个屋顶，应该选择什么材料呢？

玻璃？人们确实曾经用玻璃来做温室，可是别忘了，现在讨论的不是小小的温室，而是一整个广袤的田野。显然，玻璃又重又脆，而且还贵，用它做屋顶，虽然透明，可是也易碎。我们需要的当然不是玻璃。

我们需要另一种东西，它要像玻璃般透明，还要纸张般轻盈、金属般结实坚硬，而且它最好是没法用水浸透、没法用火烧坏，就连严寒酷暑、狂风暴雨都无法损坏的一种材料。此外，它应该是十分便宜的，要知道我们需要的不是小小一片……

让科学家们发明出能同时满足如上要求的一种东西，可能吗？当然可能！在农业物理研究所里，苏联的科学家们正在研究一种透明薄膜。这种薄膜透光性很强，就连人眼无法分辨的紫外线也能透过去。而且，这种薄膜还能被人们大量生产，价格也十分便宜。

可以预见，不久之后，人们就能凭借这种薄膜，将田野整个覆盖起来。它将成为植被们的屋顶，在它的覆盖之下，就算是最娇嫩的植物——橙子树、柠檬树、橘树——也能在北方种植了。用这种薄膜，人们能做出各种各样的植物盒子，远方的植物都能在这样的"玻璃罩"下生长，只不过我们说的这个"玻璃罩"所用的材料是轻盈的新型材料，而不是玻璃。

植物北上

让我们先暂停一下想象，用薄膜给田野做一个大房顶是以后的事情，眼下，我们需要先想别的办法将植物转移到它们从没到过的地方。其实，想要让植物在极北的地方也能顺利生长，有个办法我们早就用过了，那就是培育新品种。只要找到耐寒的新品种，问题就解决了。

早在40年前，米丘林培育出的一种抗寒樱桃树就已经享誉全球了。1898年的时候，加拿大的樱桃树几乎全都因严寒死去了，只有“米丘林丰产樱桃”幸存了下来。这种能在零下40℃的地方倔强生长的樱桃如今已大范围种植，在加拿大占有很大面积了。

不只是樱桃，还有数百种其他植物，也纷纷离开原来的家乡，在其他地方安了家。现在，在北极圈你也能看到生长状况良好的白菜、蔓菁、芜菁、马铃薯等植物了。黑麦从没到过西伯利亚，如今也在这里生长得好好的。还有红萝卜，被人们一路向北，送到了斯匹次卑尔根。

其实，除此以外，还有一种能让植物改变特征和习性的方法，人们可以先送这些植物去“上学”，等它们完成学习，就能在与家乡环境迥异的环境下生长了。

植物学校

提出送植物去上学这个办法的是科学院的院士李森科。在他的设想里，普通的仓库或棚子就是校舍，喷壶、簸箕、提桶、铁锹、水桶、秤和耙就是教具和教科书，而其中不可缺少的就是温度计了。他提出，植物在还是种子的时候就应该去上学了。在学校里，根据种子们的需要，人们将或热或冷、或明或暗的环境提供给种子。

比如冬小麦种子，人们是如何给它们上课的呢？人们供给冬小麦零℃至零下2℃的环境，给它浇水，促使它们萌发。在学校里，为了防止种子们发热腐坏，人们还定期翻动它们。而如果温度太低了，就再将种子们聚在一起，还在上面盖上被子……等到这些种子完成在学校内的学习，人们便将它们送到田地里去。

这样的植物教育，结果如何呢？很显然，那些受过训练的种子比没有经过教育的种子生长得要更快。那些早早进过学校的小麦很早就长好了麦穗，而那些受过教育的棉花也早早地长出了棉桃。

长得快是件好事。这一点在北方是至关重要的。要知道，南方的那些植物是没法在北方的短暂夏季里开花的。所以，能让这些植物快一点生长、发育，它们就能赶在冬季来临之前成熟了。就这样，我们就能让这些南方植物躲过它们难以忍受的严寒了。而长得快在南方同样是一件好事。我们让小麦提前成熟，就能躲开随后赶来的旱灾了。哪怕是争取到了三四天的时间，这一年的收成结果就会变得大大不同。

在植物学校，人们针对不同的植物设计了不同的课程。北方不能提供给棉花足够多的热量，所以在植物学校里，人们就预先给它补充一些热量。而北方的夜对玉米来说显得太亮了，人们就在植物学校里给它们准备一个黑暗环境，以弥补它们在春天需要的足够黑暗。就这样，不同的植物在植物学校里都接受了一套专为它们设计的课程训练。

就连喜欢冬天的冬小麦也在李森科的训练下可以不分季节地生长了。我们都知道冬小麦只能在秋天播种，这样它们能在雪层下过冬。可是春天播种冬小麦的话，它们便不能成熟了。而李森科在学校里提前给了它们那份严寒，于是冬小麦改变了习性，不需要再冬眠了，它们变成了能够在春天种植的春小麦。

经过在植物学校的学习、训练，植物们得以躲过南方的旱灾和北方的严寒。现在，李森科的研究已经应用到了实践中，他的工作已经不局限在实验室里了。他那些“春化”的种子已经被播撒在了几十万公顷的土地上。

南美马铃薯的结局

对于老家在智利和秘鲁的马铃薯来说，我们这边春天的白昼显现得太长了。那么，这些美洲来的马铃薯最后怎么样了呢？故事的结局是，人们没有放弃远道而来的马铃薯们，人们帮马铃薯们将白昼缩短了。

人们在田垄之间架设上一些类似铁轨的装置，那些用于遮光的、带着轮子的小屋子就能在铁轨上来回移动了。当马铃薯们需要光照的时候，那些小屋子就待在田边，而当马铃薯们需要黑夜的时候，人们就将小屋子们推到田垄上。就这样，马铃薯们有了它们喜欢的白天和黑夜。

这个简单的装置人称“光照周期屋”。利用这个“光照周期屋”，人们就能提供给马铃薯缩短的日照了，于是南美洲的马铃薯们终于在圣彼得堡也能享受到远方家乡的待遇。我在普希金城的植物研究所里就见过这样的装置。用这个简单的办法，实验站的工作人员也能帮助其他那些喜欢短日照的南方植物改善生活环境。

可是，我们能帮喜欢短日照的植物缩短白昼，能不能帮需要长日照的植物延长日照时间呢？这个问题似乎更难解决一些。要知道，缩短日照只要人为遮挡一下阳光就行了，可是延长日照呢？总不能让太阳增加点儿工作时间吧？人们需要找到一种能代替阳光的光源，这可不是普通的光线，它必须是与阳光一样能对植物起作用的光才行。

现在，这种与阳光很像的光线也被人们找出来了，人们找到了能够代替阳光工作的光线。

革新田地

这是有史以来，人类第一次有计划地、有意识地、合理地进行植物的移植和创造活动。人们觉得有必要将世界重新组织一下，苏联已经开始这些工作了。

其实这与人类的移民过程十分相似，不过也有不同。人类当初在大陆上的迁移，完全是没有计划的，他们只是知道漫无目的地在各个大陆上居住着，以至于我们地球上有的地方依然是人口太多、资源紧缺、生活环境不够舒适，而另一些地方土地富饶却人烟稀少。大量的人口居住在自己的老家拥挤不堪，他们不会想到非洲和南美洲空地很多，完全可以去那边过舒适的新生活。

数千年来，人们耕种、利用起来的土地实际上不多，只不过是广袤大陆的 1/15。在我们地球的回归线上，就有很多广阔的肥沃土地，却根本没人想到好好利用。那里气候温暖潮湿，是一个天然的露天温室，可是那里没有园艺家，那里只有一些乱糟糟的野生植物在肆意生长。

况且，在我们现在耕种着的土地上，人们也没有好好计划一下挑选植物的工作。人们从数千种植物中只胡乱选择出了少量的并不是十分优秀的植物品种，甚至有的时候人们播下一种植物的种子，长出的却是别的植物。

就是这样，过去的人们并没有对广袤的肥沃土地加以利用，也没有好好规划植物的种植，于是，人们的主要食物——谷物也产量极低，更别提蔬菜和水果了。

看样子，对土地重新组织一下很有必要，于是人们开始着手这项十分艰难的工作。人们在想，苏联有多少黑土地还没有种植植被，应该将那些尚且荒废着的土地都利用起来。人们决定在东南部种上树木，这样旱风就吹不过来了。人们还决定要将北部的区域都利用起来，一旦北部可以种植植被，就

▲ 机械开垦

不再需要南方供养了。

人们按照预先的计划，开始了轰轰烈烈的改造大地的活动。南部缺水，众志成城的人们就想办法灌溉那些草原、沙漠；北方不缺水，却需要排干沼泽的水，万众一心的人们便行动起来，好让那些沼泽也变成适宜农耕的土地……

全国上上下下都在进行这项工作，全国各地的人们，在自己的家乡就可以看到改造的成果。《消息报》这样形容大自然的变化："你可以沿着圣彼得堡省的各个区做一次旅行，你会看到，从德诺区到索莱茨区，再到奥斯特洛夫区或其他区，到处都种满了农作物。从前那些长着矮树丛的沼泽和光秃秃的荒野，现在都变成了又高又密的麦田。那繁茂的景象，会令你怀疑是到了中央黑土地区或乌克兰……"要知道，几年前人们还无法想象在圣彼得堡附近能够种植麦子。

在苏联，人们正在进行伟大的田地革新、植物移植工作。人们在改造着自己，也在改造身边的自然环境。人们正在从事的工作：改造人和改造自然——勘探地下宝藏、连接海洋、将农业向北推进、植树造林、灌溉平原等，一句话，就是在建设社会主义。要解释建设社会主义，我们就必须同时将改造自然、改造人的事情一并讲出来。

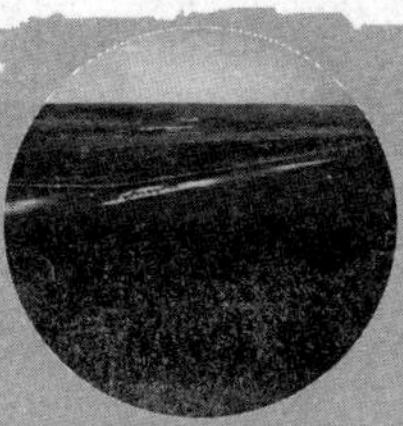

第05章

·地图上的故事·

透过能运动的地图，我们可以清楚地了解到河流是怎么产生、成长壮大的。那些年轻的河流不断向前，为自己开凿道路，就像是人类在挖掘运河一样。这些河水的前进路程并不十分顺利，有时这些河水会遇到无法冲走的岩石、障碍物，于是只能绕道而行，就这样河水便拐了个弯，形成了曲折的形状。

电影一样的地图

我们已经有了电影，通过这种活的照片，人们能更好地了解世界。现在，人们开始希望地图也如同电影一样，变成活的，如果真能如此，地球上的很多东西在人们眼里一定是十分新奇的了。

如果地图是活的，我们就会发现，海洋并非静止不变，有时它们也会改变自己的轮廓。有时海水会上涨，跑到陆地上去，于是很多地区就被淹没了，转而出现了很多地峡、岛屿、海峡和海湾。过一阵子，海水又会退下去，于是大片的海底便显露出来了。这就像是一个碟子里的水一样，如果碟子晃动一下，里面的水也会跟着改变自己的形状。

如果地图是活的，我们就会发现，奔腾的河水从山上流下，将山上的沙也一并带到了大海之中。我们还会看到，高山在逐渐变矮，而山谷则逐渐变宽了。而山脉，最后会被截断，成了一段段的，于是新的平原就在原本是高山的地方出现了。而海洋的底部，也仿佛长出了皱纹，新的山脉就在海洋的深处长出来了。

如果地图是活的，我们就会发现，地壳也是运动的，并非我们一直以来认为的静止不动。在地图上，我们可以看到，有的地段就在地壳的运动中被抬高，也有的地段就变低了。还有的时候，地壳内部的运动力量太剧烈了，有的地方就承受不住了，于是便发生了我们熟知的地震，大地便开裂开来，出现很多的裂缝……这就像是天平，为了保持平衡，有的地方升高，也就有的地方会变低……

还有沙漠、草原和森林，都在大地上飞快地移动着。科学院的威廉斯院士就曾在他的一本著作中提及沙漠、草原和森林们的移动情况。有时，原来的草原一转眼就被沙漠占领了，而有时森林的身后就是草原，苔原则正被森林占领。

我们还会在活的地图上看到，静谧的山区会在某个角落出人意料地生出新的河流。而奔腾向前的河流会生长出支流。这看似了不起的一切，有时仅仅需要一场滂沱大雨就能促成……

透过能运动的地图，我们能清楚地了解到河流是怎么产生、成长壮大的。那些年轻的河流不断向前，为自己开凿道路，就像是人类在挖掘运河一样。这些河水的前进路程并不十分顺利，有时这些河水会遇到无法冲走的岩石、障碍物，于是只能绕道而行，就这样河水便拐了个弯，形成了曲折的形状。

原来，每条河流都是一个故事，那些河水有自己的生活、自己的工作和斗争过程。河流不是地图上简单的一条标志，也不是一个静止不动的普通事物。有时不同的河之间还有战争，它们争夺上游的地盘，争夺流域，还相互争夺支流。对于河流来说，流域和支流就是它们必须争取的，事关生死。透过活的地图，我们可以看到历史上有些河流在斗争中失败了，它们的代价就是失去自己的四肢——支流。由此可见，河流也有年龄，它们有童年，也有老年。麦士河就是这样的，法国的地质学家奥格曾经研究过它，资料显示，它左边的支流归入了塞纳河，而它右边的支流则被莱茵河夺取了。

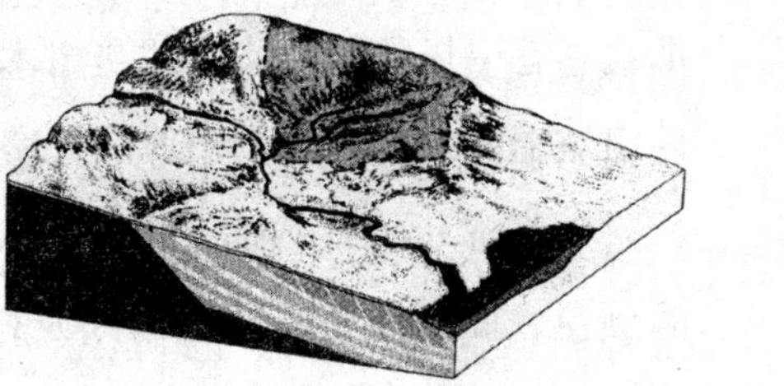

▲ 地壳运动

而密西西比河也曾经年轻过，很久以前，它也是一条年轻力壮的激流。在它年轻的时候，曾经用自己奔腾的浪花将自己前进道路上的障碍物统统除去。可是现在，密西西比河却显得年老而臃肿，它只能拖着肥大的身躯在路上缓慢地挪动。终于，那些让河流窒息的沉淀物越来越多，淤泥将整个河道都堵塞起来。于是河水被迫改变流向，绕路向旁边宽阔一点的河湾流去。在漫长的时间里，它越来越频繁地改变流向，将已经跟着它成长起来的城市村庄都抛在身后。只有一些残存的湖泊可以证明密西西比河曾经到过那里。著名的作家马克·吐温曾经在自己的作品中这样描述他眼中的密西西比河："比克斯比！现在你已经很难分辨出401号点上的沙滩了，要知道，河岸在水流的冲刷下，不停地改变着形状！所以，请你一定要当心老母鸡岛和总统岛……"

大自然中的那些地峡、海湾、海角、湖泊、岛屿和河流都在一刻不停地变化着。如果有一幅活的地图摆在眼前，我们就能很方便地了解它们的变化情况了。那人呢？我们是否也可以凭借一幅活的地图，看到人类的变化活动？显然，人是渺小的，就算是将地图放大到莫斯科红场一样大，我们也找不到人的影子。尽管我们人类的身影太小，无法在地图上显示，可是我们人类做过的事、从事过的工作却是可以通过地图被反映出来的。

地图显示，高山上一圈一圈浓密的绿色物体在逐渐减少，我们就明白了，那些卷毛一样的物体代表的是树木等植被，这说明人类正在砍伐山上的树木，而山坡上的草也被人们豢养的牲畜吃掉了。

地图显示，很多褐色的草原从地图上消失掉了，取而代之的是一些葱绿的颜色，而那些葱绿还在不断延伸，甚至侵入森林中，我们就知道，这是人类在不断开发田地，现在有越来越多的肥沃土壤被人们利用起来了。

地图显示，森林中出现了很多小块的田地，有的还在不断长大，于是很多小块田地连接成了大块的田地。于是，森林变得越来越小，逐渐成了田地之中的一座孤岛。透过活的地图，我们可以发现，我们虽然在建设地球，但也在破坏着地球。

透过活的地图，我们可以清楚地看到人类所有的活动，可是我们并没有从这些人类活动中发现任何规律和计划、制度。人们对地球的开发是无序而混乱的。有的河流因为人们对上游树木的乱砍乱伐而最终枯竭；有的流沙就是因为人们对树林的肆意破坏才到处横行。

其实，通过观察活的地图，我们还能总结出很多新鲜的结论。那就是，我们终于找到了河湾、海岸线和山脉等等现象形成的原因。于是，伏尔加河在地图上的形状像是一棵树之类的现象，就变得好像一道数学题一样简单。因为我们都知道，有沙漠从东南方向朝伏尔加河进发，所以伏尔加河在萨拉托夫以上拥有很多的支流，却在下游少见支流。

如果我们眼前有一幅这样活的地图，那我们眼中的世界就变得新鲜和充满奇异了。

一幅活地图

虽然我在前面说，世界上从没有过“活的地图”，其实这样的说法是不正确的。因为，1933年秋天的时候，我就曾经在科学院里见过这样的一幅地图。那是一幅苏联地图，差不多和天花板一样高，当时的情景，历历在目。

在科学院的大会议厅里，座无虚席。科学院的院士们端坐在讲台上的一个长桌子后面。参加这次会议的，还有来参加科学院工作的人。人们抢着占据会议厅中的座位，甚至还有人根本就没座位，连过道都被人们挤得水泄不通。而那两扇历经150年风雨的大门，也源源不断地被要求进来参加会议的人包围起来。

可以想像，一定是有一个让人都兴奋不已的事情吸引着这些人。莫非是一个有关微积分学的最新研究成果要发布了？或者是有人在古代俄国文学的研究上取得了突破？不，这些无足轻重。现在要讨论的，是一件让所有人都感兴趣的事。

这是一场别开生面的报告会，至少科学院里没人做过这种报告。而作报告的人也不是我们常常在科学院里见到的那种面孔。演讲人是列宁的朋友，革命家克尔日然诺夫斯基。这场报告有一个振奋人心的话题，那就是，讨论一下人类如何改造自然、创造大伏尔加河的事情。

我就是在这时看到那幅活的地图的。这幅苏联大地图被人们悬挂在讲台边，高得几乎顶到了天花板。我很快发现了这幅地图的与众不同之处。演讲人一打开电门，地图上便有各色的地理标志闪烁起来。

红色短线表示的是堤坝，红色的细管表示的是沟渠，而绿色带条指的是森林，灌溉田则亮着蓝色。在这幅地图上，浅蓝色的河水支流涨过堤坝，蜿蜒地流向水库。当像人体经脉一样的河水支流蔓延开来的同时，城市之间、不同省之间的输电线也亮起了绿光，而发电站，则骄傲地闪耀着灯光。你看，这个灯光代表的是古比雪夫水电站，那个则是雅罗斯拉夫里水电站，这个则是拍尔姆水电站，还有这些辉煌的灯光，它们是瓦尔戴的发电站。

那时，这些地图上的水库、堤坝和发电站还都不存在呢，这幅地图是一个关于未来的计划。那上面显示的，是苏联经过三个五年计划之后呈现给世人的壮观景象。

对伏尔加河的判决

人们在科学院的那次会议上，展望了苏联的河、海的未来。科学家们史无前例地讨论起了河流和海的命运。在以前，河流和海的命运都是它们自主决定的，河流会自己诞生、成长、消减，海更是会随它自己的心意淹没或是退出陆地，从来没有人想过支配河流和海的生活，也从来没有人能够影响河流和海的命运。而现在，科学院的院士们决定帮河流和海选择以后的生活。

在这次人类对河流、海的命运判决活动中，首先被关注的就是伏尔加河与里海。人们希望改造一下伏尔加河，以便伏尔加河能分一些水给咸海—里海，同时能利用伏尔加河的河水浇灌伏尔加河左岸的区域。

可是，想做成这件事，要考虑的因素还有很多。要知道，河流有水，但是绝不单单是水。河流是水，同时还是道路，还是动力的来源。另外，河流还是鱼类等动物赖以生存的地方。大自然是复杂的，改造大自然当然就不能只从一个角度考虑问题。想要改造大自然，要考虑的问题还有很多。

就比如说，河流是一个道路。从这个角度看，伏尔加河无疑是一条连接着欧亚两洲宽阔大陆的航道。伏尔加河的长度和宽度都是突出的，很少有河流能与它相比。不过要是比深度，伏尔加河就没什么优势了。伏尔加河整体都是水流很浅的。夏天，伏尔加河水最浅时只有齐腰深，甚至只能淹到人的膝盖骨。船只想要通行的话，只能全体船员一齐上阵。大伙费劲地用托轮拉着船只前进，那大船就像是一匹四肢陷入淤泥中的大马，难受地左右挣扎着。每当看到有船员在水浅的地方耗费时间拉船时，人们就将那些船称作"大车"。尤其是伏尔加河的上游就都是浅水，船只强行通过的话只会搁浅，夏天的伏尔加河只有中、下游还有船只通行。不过，尽管伏尔加河的下游能行驶轮船，那水也并不是很深。

我们前面说过，河流也有年龄。而伏尔加河无疑就是个青春不再的老婆婆了。那些支流从各处汇集过来的时候，也带来大量的冲积土。可是，年迈的伏尔加河已经没有足够的力量带着那些土一起向前走了，于是那些土就被留在了河底。日积月累，河水前进的道路上就多了很多浅滩、沙滩，终于河道彻底被堵塞起来了。于是，河水只能慢吞吞地绕过那些障碍物，改变自己的流向，一会儿向左拐弯，一会儿又向右转，河湾就这样形成了。就这样，河流离开了那些很久以前追随着它发展出来的城市。经年累月，伏尔加河就这样离开了塞兹兰、萨拉托夫，也不得不和古比雪夫道别了。

▲ 伏尔加运河网

所以，想要把伏尔加河变成一条通畅的水路，我们首先要做的就是把伏尔加河的河水加深。等到伏尔加河变成一条交通干线，那些从东方和西方修建到伏尔加河的铁路也就可以与伏尔加河联合起来，人们在全国范围内运送大批货物也就变得简单多了。

如果说河流是血管，那毫无疑问，集体农庄、工厂和城市就是国家这个身体内的各种细胞了。不过那些血管虽然能把供养给细胞的各种养分、材料运输到各处，它自己本身却并没有像人体一样形成一个血液循环的系统。

河水奔流向前，无法回头，这可不成。人们又开始思考怎样让河流也形成一个循环系统了。有的时候，河水的两条支流之间距离并不远，人们就考虑在两条支流之间开挖河道，于是两条支流就连接在一起了。而如果在各个河流之间也这样做，那么几条河流和它们流入的那些海就也连接在一起了。

人们建造出了马林水道系统，通过那一串串运河和河流，伏尔加河就与波罗的海连在一起了。就这样老伏尔加河原本的浅水水道摇身一变，成为水深道宽的伏尔加－波罗的海航线。不过人们并没有就此得意而停止改造。精益求精的科学家又帮伏尔加河找了另一个出口：通过白海－波罗的海运河，伏尔加河又有了通向白海的一个出口。同时，伏尔加河还可以形成一个通往北冰洋的通路，只要人们利用科尔瓦河、卡马河及维谢拉河将伏尔加河与伯绍拉河连接在一起就行了。

伏尔加河已经与波罗的海、白海、北冰洋连接在一起了。而伏尔加河的循环系统不止于此。它还可以与亚速海、黑海相连，只要人们用伏尔加－顿河运河将伏尔加河与顿河连接在一起就好了。同时，伏尔加河还将与西边的第涅伯河连接起来……就这样，伏尔加河就与苏联、欧洲的所有大河、与五个海都连接在了一起。而且伏尔加河还可以继续前进，经乌拉尔，通过托波尔河、伊赛特河与西伯利亚那边的几条大河连在一起。

到那时，那些相互分离、各自为政的河流，就都被连接在一起，它们将拉起手来，成为一个循环相接的水路系统[1]。想象一下，白海、黑海也互相连接，炎热的里海也与极寒的北冰洋连接起来。在世界范围内，这样长度的水道系统也是独一无二的。

在这个系统中，毫无疑问莫斯科是中心港口。伏尔加河与莫斯科河之间的运河已经建成了。人们可以在莫斯科乘上轮船，然后一路坐到圣彼得堡，再到巴库、塞瓦斯托坡里、阿尔汉格尔斯克、罗斯托夫等地，然后一直到达基辅和诺沃西比尔斯克等地。

毋庸置疑的是，伏尔加河的水会深很多，不要再提之前小轮船也可能在伏尔加河里搁浅的过去了，伏尔加河上行驶的将全是那种大马力的巨型轮船。河流作为一种道路，将变得更加宽阔。

可是别忘了，我们前面说过，河流绝不仅仅是道路。河流还是一种动力。除去长度、深度、宽度等丈量河流的标准，还有一种量度——高度。高度同样是可以衡量一条河流的量度、标准，而河流只有达到一定的高度之后，才能倾注到汪洋大海之中。大家都知道，伏尔加河可以流到里海中去。可是，很少人有知道，伏尔加河与里海之间的高度，相差了200米。也就是说，伏尔加河是从距离里海海面200米高的地方流下来、进入里海的。200米的落差是可以提供给我们动力的。

这是大自然赋予我们的宝贵资源，我们不能白白浪费伏尔加河的力量。倘若伏尔加河一下子流下注入大海，那将是一个尼加拉瀑布都相形见绌的巨大瀑布。可是伏尔加河只是用一个绵延几千千米的平缓斜坡向大海流去。它慢慢地流，人们几乎忽略了它与大海之间的高度差。

伏尔加河的源头不过是一条其貌不扬的小溪流。在那儿我们还看不出什么特别之处。可出人意料的是，之后与它相会的每一条支流都帮助伏尔加河成为更宽阔的河流，同时也使伏尔加河拥有更多的力量。有的地方，有大量的河水会在瞬间流过，在这些宽阔的地方，我们可以利用河流的高

1 作者写这本书时，五海通航还只是设想，现在已经都实现了。

▲ 伏尔加河水电站

度差建立水电站。

于是，我们应该在很多地方而不是只在一个地方建设水电站。在大伏尔加河计划中，科学家计划建设22座水电站。

改造伏尔加河，我们将拥有更加宽阔而四通八达的水路，也将拥有无数的动力中心。同时，大伏尔加河还是一个强大的军事防御系统。通过对伏尔加河的重新规划，我们苏联的国力会变得更加强大。

为海设立收支账簿

河流和海洋都是我们雄厚家业中的一部分，利用河水发电并不会减少水量，利用河水灌溉则会减少流到海中的水量，作为大海的主人，我们当然既要让河流和海连接起来、循环起来，也要考虑到可能带来的水量上的损失。人很擅长精打细算，那么现在也是时候给海设立一本收支账簿了。

前文提到过，在我们的三个五年计划中，我们将充分利用伏尔加河，不仅要用伏尔加河提供给我们的动力发电，也将改造河流和海，让它们相互连接起来，以便增加水的深度，从而更好地利用它通航和灌溉广大的伏尔加沿岸的田地。

尽管人能让河流和海形成一个类似人类血管的循环系统，可是人类改变不了“伏尔加河流入里海”这个固有事实。人们无法违背这个古老的规矩，却将原本都流向里海的河水截出一部分做了别的事情了，那就不可避免地需要考虑一下，如果伏尔加河流入里海的水量减少了，会给里海带来怎样的影响呢?

因此，绝对有必要为海设立一本收支账簿。而且这本账簿应该是独特的，区别于普通账簿，它记录的不是“卢布”、“米”、“千克”，而是“立方千米”。这个账簿的“收入”、“支出”栏记录的内容不是财物，因为对于大海来说，它的收入是雨、雪、暴雨和河流，而支出则是海面上蒸发的水、云和雾。而且，考虑到海很大，因此计量单位也应该是大的。

既然我们已经为海建立了账簿，接下来要做的就是记录收支情况了。对于里海来说，它最主要的收入来自伏尔加河。根据科学家们的测算，每年伏尔加河流入里海的水有270立方千米那么多。270立方千米究竟是多少呢？如果你没什么头绪的话，不妨想象一下，在你的面前有一个巨型水桶，那水桶的腰围粗过莫斯科城，那桶的高度比卡兹别克山还高。

这一点也不稀奇，我们都知道伏尔加河绝对是一条值得称道的大河。伏尔加河河水的来源主要包括1000多条河和湖泊注入的水、俄罗斯平原春天融合的雪水、暴雨等。当然，还有一些小河也为伏尔加河注入了少量的水。伏尔加河就像是一块海绵，每当有暴雨、山洪注入河中时，它就升高水位，而不久后这块巨大的海绵又会恢复平静。伏尔加河奔向里海，除了在路上蒸发掉的那些水分，它将自己的全部水都毫无保留地注入了里海。

当然，尽管伏尔加河水量很大，它却不是唯一流入里海的河流。北边的乌苏尔河、高加索山上下来的捷列克河、库拉河都流入里海。这都是一些主要的河流，除此以外，还有几十条河都是流向里海的。这些河加在一起，每年一共向里海输送超过90立方千米的水。

海水的主要来源是河，但是别忘了大自然还会以雨、雪的方式赐予里海一些水。再加上这些水，里海每年就能获得超过450立方千米的水了。

以上就是里海的“收入”。那么，它的支出情况又是怎样的呢？年复一年，我们看到很多的河流、天然的降水将里海填满，可是我们却不见里海的水向外流向别的海。可是，如果里海的水只进不出，那它的水位肯定会年年攀高，直到有一天海水四溢，将周围的草原和沙漠统统淹没。既然我们眼前的里海水位一直保持恒定，那就是说，尽管我们眼睛看不见，里海肯定也是有支出的，它将自己获得的水又等量地支出出去了。

里海里的水一定是跑到什么地方去了。我们都知道海的支出项里有云，有雾，有蒸发。所以，很明显里海的水跑到空中去了。可是那些水到空中之后，又都去哪儿了呢？也许高加索的冰河的水就来自里海？也许里海的水在空中化作了中亚西亚的雨？也许那些水变成了卡马河边的雪？这个问题至今没有人能给出准确的答案。

▲卡马河

我们都知道，水在地球上的旅行是很复杂、路程很长的。正因为这样，雨雪、江河都互相联系着，而且自然界中的一切事物都是互相联系着的。正是水那么漫长的环球旅行，才使得我们认识到自然界的这种联系。正因为如此，我们才意识到，自然是我们共同的家园。

里海的结局

现在，世界上已经没有里海了，在很久以前，里海就已经变成了里湖。

当里海还存在的时候，与其他的那些海一样，它与其他的海是连接着的。曾经有一个海湾将里海与黑海连接起来，但经过地壳的运动，曾经的海湾变成了一块隆起的地壳，于是里海就被迫与地球上的其他水域分割开来。就这样里海不再是海，于是现在，我们只有里湖，而没有里海了。

当里海变成里湖后，它过的日子就也跟以前截然不同了。要知道，作为里海的时候，它是与其他的海连通着的，这样它的水位就永远与别的海保持一致，它不存在一个水源枯竭的问题。可是作为一个湖，日子就大大不同了，一场雨可以使湖的水平面上升，可是一到天旱的时候湖水又会变少。

湖是独立的、与别的水域隔绝的一个个体，它必须自己解决收支平衡的问题。在这时，倘若湖水入不敷出，那也就慢慢枯竭、逐渐从地球上消失了。当里海刚刚变成里湖的时候，情况就是这么糟糕。里湖根本来不及补充蒸发走的水分，慢慢变得干涸，水面下降。慢慢地水越来越浅，露出底来……

不过，里湖很快就力挽狂澜。当里湖蒸发出水后，水面就变得越来越小，而当它的水面变小后，它蒸发出的水分也就少多了。于是，湖水自己达到了收支平衡。就这样，里海在被隔绝成一个湖、经历了一个水量骤减的时期后，变成了一个不大不小的、收支平衡的湖。现在，虽然我们还将这片水称作“里海”，可是，它已经有名无实了。这个特殊的“海”不过是一个水位比海平面低落 26 米的湖。

如果我们将今天的地图与上世纪中期的地图做个比较，就会清楚地看到，里海的水位已经变浅了大约 1 米。那么，从今往后，里海又会变成什么样呢？我们准备改造伏尔加河、以及那些流入里海的其他河流。当我们计划从河流们原本注入里海的水中分出几十立方千米用于灌溉田地后，里海会因此受到什么影响呢？

毋庸置疑的是，我们还是需要里海的。里海拥有丰富的鱼类资源，同时还是人们运载客货的一个绝佳通道。可是，如果我们以后年年从伏尔加河、捷列克河、乌拉尔河、苏拉克河、库拉河中取出一部分，里海的收入就要减少了，而它的支出——蒸发水量却不变，于是里海又重新开始干涸，就像当初地壳变化引起的情形一样。

每过 10 年，里海水面的下降超过了 1 米，再过 20 年，就下降 2 米，再过 50 年，就下降 3 米。里海在慢慢变浅，水面也在慢慢缩小，海岸线已经后退了几十千米，很多曾经是港口的地方现在已经成了坚实的大陆，还有很多原本与里海相连的小湖、支流也濒临消失……

为了帮助里海争取每 1 米的水深，人们用抽水机在河口抽水，还将各港口的海底挖深。人们还不得不帮助陆地上的港口开辟出通往里海的运河，或是忍痛抛弃“搁浅”的港口，在新的海岸边上建设新的港口。

可是，里海还是不可避免地衰弱下去了，这就使得人们原本能从里海中获得的自然资源也变少了。那些不需人们精心照料的、肉质鲜美的鱼类只能在那些平静而半浅的水中生长、繁衍后代。显然，我们已经将那些鱼儿赖以生存的美好环境给毁坏掉了。还不只这些，连卡拉－布加兹海湾也与海分离、要干涸掉了。如果真是这样，这座盛产盐的天然化学原料工厂就要因为缺少原料——海水而停产了。

里海的衰弱不仅影响人类的客货运输以及自然资源的获取，还将影响整个国家的气候。原本广阔的里海水面能将旱风挡住，保护伏尔加河流域、乌克兰、顿河草原等地不受沙漠的侵袭。如果里海变小，毫无疑问这些地区会变得干燥。而且，当无垠的海底、为数众多的新的沙漠和沼泽都暴露在太阳之后，整个南方的气候都会因为缺少水的滋润而变得炎热而干燥。如果事情真的变成这样，一切也就失去控制了。沙漠和恶劣天气此消彼长，人们马上

▲ 里海日出

就要开始因自己的破坏行为而变得焦头烂额。

也许有人会说，那将是很久之后的事情了，我们有必要去考虑 50 年、100 年以后的事情吗？当然，也许有人确实是只顾眼前不顾未来的。因为对于一个人来说，50 年、100 年确实是足够长了，长到人们来不及想以后的事情。

可是，作为一个国家、一个社会、一个千百万人聚集而成的巨人，我们就不能只考虑眼前的问题，因为这个巨人的寿命不能只用年的概念来计算，它还有好几个世纪的岁月要度过……所以，它必须将漫长岁月之后的时间也考虑进来，它不能像个目光短浅的小人物一样，将大自然的那些宝贵财富——森林、石油、煤炭、矿产都挥霍掉。

现在，这个巨人已经开始了伟大的地质改革工作。它已经决定将一切可能的后果都考虑进来，它想找到不受大自然反对的发展方式。

人们凭什么对伏尔加河和里海作出判决

集体的力量是巨大的。在科学院里，有数百个科学家在一起开会，对于如何处置伏尔加河与里海来自不同部门的人们集思广益、畅所欲言。会议历时 6 天，人们才对这件事形成了决议。

在这里，有来自这个部门的海洋专家正在预测 10 年后里海的面积、水位；也有来自渔业专家在设想改造伏尔加河时保护鱼类的方案；有化学家提出了卡拉－布加兹海湾未来可能面临的困境；有气象学家研究着地质改革可能带来的气候问题；有第五、第六、第七个部门，它们分别是研究堤坝、土壤和小麦的。这里还有来自各个学科的科学家在参与讨论，人数众多，以至于还有部分科学家没能到科学院的大厅参加现场工作，只能在自己的研究机构里同时开展研究工作……

▲ 里海海滩

科学院的大厅上挂着堤坝设计图、降水图表、海洋图等，而且随着研究工作的推进，这些图表还在不断更新着。这可不是一件简单的事，如果全都交给一个科学家来独立工作，很可能耗尽他的一生也做不完。这个庞大、复杂的计划只能依靠很多的头脑、从各个不同的角度来一起推进工作。会议开了 6 天，从 1933 年 11 月 25 日一直开到了 30 日，集体的力量是巨大的，科学家们终于将所有要解决的问题都解决了。

最后，就像法庭在做最终的判决一样，一个科学家代表将他们的决议正式宣布了出来。在一开头，他就强调："我们必须让里海海水保持平衡。"为了解决这个前面已经解释过的复杂问题，他在决议里提出：应该用伏尔加河临近的河补充支出，这样里海的收入和支出就能达到平衡了。就这样，伏尔加河与里海的命运就被科学家们决定下来了。

阻拦河流

在科学院的会议上，为了使收支平衡，人们判定让伏尔加河从临近的河流中取得一些补充。那么，应该让它从哪一条河取水呢?

在苏联，水源的分布并不均衡，南方经常干旱，多是沙漠，北方则多雨、多沼泽。北方的水资源十分充足，甚至有点显得过多，还有很多没有被充分利用起来的河流的水都白白地流进白海、北冰洋了。于是，工程师尼古拉斯想到，可以将北方用不完的水分一些出来供给伏尔加河。

在北方，伯绍拉河、维契格达河、苏杭纳河、奥涅加河都与伏尔加河或伏尔加河的支流挨得很近，而且它们的流水量加在一起正好与伏尔加河的一样多。更为可贵的是，那儿的土质松软、分水岭也不高。这样一来，修建运河将这四条河与伏尔加河连接起来就并不是什么困难的事了。

不过，将河流连接起来不是难事，想要指挥水却需要动动脑筋了。怎样才能根据实际的需要来引导水流、控制水量的多少呢？这就需要水库来帮忙了。人们想到可以在应该连接起来的那些河流的上游修建上堤坝，凭借这些堤坝将河水拦起来。这样，满溢出的河水就在堤坝之上形成许多的湖，再将那些湖用运河连接起来，一个巨大的水库就形成了。

人们在伯绍拉河与卡马河的连接处修建了卡马－伯绍拉水库，在维契格达河与卡马河的连接处修建了卡马－维契格达水库。通过水库，人们可以根据实际情况选择将水调往南方还是北方。有了水库，人们就能管理水流，涨水时能储藏起一部分水，等到需要的时候再放出去。

在成功地对河流的生活开始有效管理之后，我们的下一个管理目标就是湖泊了。我们北方有三个呈链条状排列着的三个湖——库宾纳湖、沃热湖和拉恰湖。我们可以将这三个湖相互连接起来，同时穿过科斯特罗马河、谢克斯纳河开辟出一条通往南方、通往伏尔加河的通路。就是这样，我们有了一个三联型的、样子像一个有三个出口的水龙头的、巨大的水库。从这个水库出发，水可以向三个方向流动，分别到奥涅加河、苏杭纳河、伏尔加河去。当然，由于伏尔加河对水的需求量多，水库对伏尔加河的闸门便打开得频繁一些。

通过这些系统，伏尔加河获得了水流的补给。这一切使得伏尔加河的河水变得更多、更深，还使伏尔加河与北方的那些河流、海有了联系，从伏尔加河也能到北方去了。同时，还让伏尔加河拥有更多的动力……就这样，那些曾经不加利用就流走的水，也为我们提供了帮助。

一箭五雕

尽管我们利用北方的几条河流缓解了伏尔加河水量吃紧的问题，可是伏尔加河还需要更多的水。于是，有水电站设计局的工程师提议到伏尔加河临近的顿河去找水。

我们可以在两条河临近的地方修建一条运河，这样两条河就连接起来、互通有无了。不过，这样固然能解决伏尔加河的难题，却难保不会给顿河带来麻烦。要知道，顿河提供给我们水和鱼类资源，同时还是一条宽敞的水路。要是顿河变浅了怎么办？

所以，帮顿河建立一本收支账簿、预估一下这个计划的可行性是很有必要的。那么，顿河能有多少支出呢？没人能说出确切的数字，当然有的人认为可以从顿河中分出一部分的水给伏尔加河。

人们设计的方案是这样的：用泥土、石块建造一座横跨顿河的堤坝，这样顿河的水就被拦住，漫成一个湖，成为一个水库了。从这个水库，我们可以将水引到我们需要的地方去。有了这个水库，我们可以将一部分水放到堤坝下的顿河中去，以保证顿河不会干枯。同时，我们能通过运河将大量的水送到伏尔加河去，同时，从运河往南在伏尔加河引一个支流到萨尔巴河流域去，这样卡尔麦茨克草原的用水问题也就一并解决了。

萨尔巴河的源头在卡尔麦茨克草原上，可是因为水源不够，这条河经常在炎热的季节消失。于是，人们在地图上用虚线来表示这条时隐时现的河流。现在，我们可以在萨尔巴河上也修一座水库，将水向后倒逼到草原上去。这样萨尔巴河就不但不需要草原供养，反过头来还可以给草原供给水分了。

于是，工程开始了。沿着运河，顿河水库的水被送到伏尔加河中去。有一条支流能让水从运河流回顿河，还有一条支流从水库流向更远的萨尔巴河。我们在这两条支流上修建起来水电站，这样就能充分利用水流的动力了。同时，我们的水电站发出的电可以送到伏尔加左岸去，在哪儿，抽水站正在向田里抽水。

一个工程就解决了四个问题。通过这个河流、运河、水库组成的复杂工程，我们修出来伏尔加河与顿河之间的水路，得到了供应给抽水站的电力，将水供给了卡尔麦茨克草原，还将水送到了里海。不过，我们解决的问题不只这些，我们通过这个工程还解决了第五个问题：改正顿河。

顿河是一条狂暴的草原河流，人们口中“静静的顿河”不过是一句玩笑罢了。有史以来，顿河的狂躁脾气都是一个老大难问题。有时顿河的确很安静，但是春天一到，它就洪水泛滥。提起1926年顿河的那场大水灾人们就胆战心惊。那时河水冲上河岸、带走黑土、淹没田野，只留下一些沼泽在身后。以前，河水每泛滥一次，河道也跟着变化一次，为了轮船通行，人们也只能不停地将河道挖深一些。

对付顿河的暴烈性格，只能靠给它装“马嚼子”了。能拦住水的堤坝显然就是一个不错的马嚼子。不过，只有一个这样的嚼子还远远不够。我们应该在顿河的上游也建造一座水库。这样一来，春天，水库能将多余的水积攒下来，然后再利用这些水去灌溉草原、去做人们希望做的事。

▲ 顿河是俄罗斯境内历史上有名的河流

如果真能将这些事全都办成，“静静的顿河”就名副其实了。水量充足的顿河将有一个爱好和平的性格，大船和顿河沿岸的土地也就都安全了。我们就这样去改造大自然吧，修建一个用水库、运河与河流组成的复杂工事，这样五个问题就都能得到完美的解决。这可真是一个“一箭五雕”的计划啊！

回想一下，我们的本意是改造伏尔加河，结果却顺便将我们国家的全部大河都给改造了一下。就这样北冰洋、白海、黑海、里海、维契格达河、奥涅加河、苏杭纳河、伯绍拉河、顿河和伏尔加河被连接在一起，组成了一个复杂的、巨大的水的系统。我们说过，大自然的每一个部分都是相互联系着的，因此对这一部分的改造，也就意味着对别的部分也要改造。大自然是一个整体，就连我们也是大自然中的一部分。

庞大工程中的一个环节

我们都知道，顿河水流向亚速海。那么，我们现在想从顿河中取出一半水来送给伏尔加河，里海变浅的问题固然得到了解决，但这样做会不会影响到亚述海呢？要知道，这些河流和海都是我们自己的家业，损失了哪个也不好。

先看看亚述海是否会变浅吧。设想一下，如果顿河流入亚述海的水变少，亚述海是不是会像里海一样水量减少呢？不，当然不会。因为亚述海不是里海，它是一个真正意义上的海。亚述海与黑海、刻赤海峡相互连接，如果亚述海缺水了，黑海的水就会通过刻赤海峡自动过来填补空缺。

可是，亚述海不存在水变浅的问题，是不是就一切万无一失了呢？当然不能这么武断。要知道，河水与海水是不同的。河水能将腐殖质、淤泥带到海里，这可是海里那些水草等海生植物的养料，而海里的那些鱼、蟹类和贝类等动物，又是以植物或动物为食物的。如果注入亚述海的河水减半，那么从陆上带到水中的养料也就减半，这本身就将引发海生动植物的饥荒。

同时，一旦亚述海的水变少，黑海的海水就会自动补充过来。可是黑海的海水比亚述海要咸，亚述海内的那些动植物很可能因为无法适应更高浓度的咸水而死去。况且，亚述海不仅为“土著”鱼类提供栖身之所，也是很多外来鱼类的休养之地。每年春天都有很多来自黑海的饥饿的鱼类到亚述海来觅食。显然，如果亚述海发生饥荒，殃及的不仅仅是那些“土著”鱼类。

诸多问题纷至沓来。我们可以从伏尔加河付出水来灌溉伏尔加河左岸的土地，同时，我们又将该顿河与北方的河流引到伏尔加河去，以便里海的水不会减少。如果真的这样做的话，我们将灌溉多少田地、拥有多少水电站和水路啊！我现在说的这个方案就是科学院在1933年秋天讨论的“改造伏尔加河”的方案。

这不是一个神话，因为这是一个可以达到的目标，而且人们在切实地做着测绘、计算、检查和考虑工作，在我动笔写这部书的时候，伏尔加河中游已经动工了。

在报纸上，我已经看到了关于大伏尔加河工程的报道，不过这也仅仅是我们国家关于海、湖泊、河流改造工程中的一个环节而已。在这项庞大的工程中，还有其他的一些环节，比如引鄂毕河水灌溉库隆达草原、利用库马－马内奇运河恢复海之间的联系；比如放湖水下山的“改造凡尔湖”计划；还有关于安加拉河、叶尼塞河等的计划等等，这样的计划真的很多，想要我一一道来，只能期待我写出更多本书来。

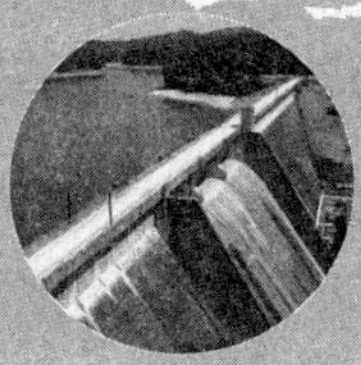

第06章

驾驭河流

太阳固然只有一个，可是电力也很重要。如果我们生活的城市突然断了电，工厂、电车、电话、电报、无线电、印刷报纸的工厂、电灯等等都将停止工作。我们的生活已经不知不觉地依赖起了电力。不管是弱电流、强电流，还是直流电流、交流电流，都是我们生活中不可或缺的 部分。

动力、材料和技师

想要改造我们的国家地图，就要对现在的地图仔细研究一番。与前辈不同，我们的这些建设者不仅观察大自然，也观察地图。他们懂得从不同的角度去研究那些湖泊、瀑布和山脉。这些水电站、水路的建设者在观察地图的时候，发现了很多前辈们没有看出来的事情。前辈们觉得森林中的木头可以用来做弓箭、弹弓、钓竿，而在我们这些工程师眼里，湖泊、瀑布、山脉都是可以应用的材料。

人们在森林里寻找制作弹弓的材料时，要观察树干，看它们的外形，查看那些弯曲的部分和枝杈。通过对树木的观察，人们总结出来，柔韧的枝桠能做成弓，而制作弹弓需要的是有枝杈的树干。

同样，我们的工程师们也是这样查看地形与河湾的，他们总结出了经验。如果两条河距离不远，就能利用运河连接起来；如果湖的位置是在山上，就可以通过隧道将湖水引到山下；如果河流恰好形成了一个河湾，就可以利用河湾来为我们提供动力。

而伏尔加河就有一个这样的河湾。在离古比雪夫不远的地方，日古利山耸起的一个悬崖在这里拦住了伏尔加河，为了躲过这个障碍物，河水只得向东转弯，绕个大圈子躲过这座峭壁。如果人们打算从这里经过，就需要耗费很多时间绕过河湾，而轮船则还需要额外耗费众多燃料。尽管有很多科学家都注意到了这个问题，却没有人想出办法去解决问题。

而现在，当人们从因地制宜、物尽其用的角度审视萨马拉河湾的时候，他们发现这个河湾其实是一个可造之材。这个河湾全长 166 千米，两端的直线距离是 25 千米。如果建造一座运河连接河湾的两端，伏尔加河就被拉直了，那通往伏尔加河的水路不就可以缩短长度了吗？这样一来，人们也可以节省很多时间和燃料。

但是，想要将河湾连接起来，又谈何容易啊！如果挖出一条长达25千米的运河，还是需要耗费一笔资金的。况且，就算是运河挖好了，我们还要帮助河流解决收支平衡的问题……这个难题的答案就在地图上。无巧不成书，就在河湾的北部，有一条23千米长的苏萨河正好连到伏尔加河。而且，它的流向正是我们开凿运河需要的。这不就是一条天然的运河河床吗？于是，我们需要做的，就是在河湾南端与苏萨河之间的两千米土地上开凿出一条河道。

▲ 河道清淤

当然，细心的人还能从地图上发现别的问题。在分析地图上标明各地高度的数字后，人们发现，河湾的一段比另一端高了很多，这是一个水位差。于是，我们通过修建运河、连接河湾两端，不仅能缩短伏尔加河的水路距离，还能在这里获得很多动力，利用这些强大的动力，我们能再建一座水电站。

就是这样，人们决定了水电站和运河的建造方案。

让伏尔加河倒流

在研究改造伏尔加河的过程中，建设者们顺便发现了另一个问题，并且决定帮大自然纠正一下。众所周知，伏尔加河是从瓦尔戴高地出发、顺着一个平缓的坡度缓慢流向里海的。研究者却希望能让伏尔加河分一部分水出来沿着另一条路流到波罗的海去。

要知道，从瓦尔戴高地到波罗的海的坡度可不像从瓦尔戴高地到里海那样平缓。改造完后，伏尔加河将被迫收起懒洋洋的态度，顺着陡坡急转直下，水流湍急地流向波罗的海。这样一来，我们就可以在它匆忙赶路的途中建起一座水电站，而受益的将是莫斯科、圣彼得堡。

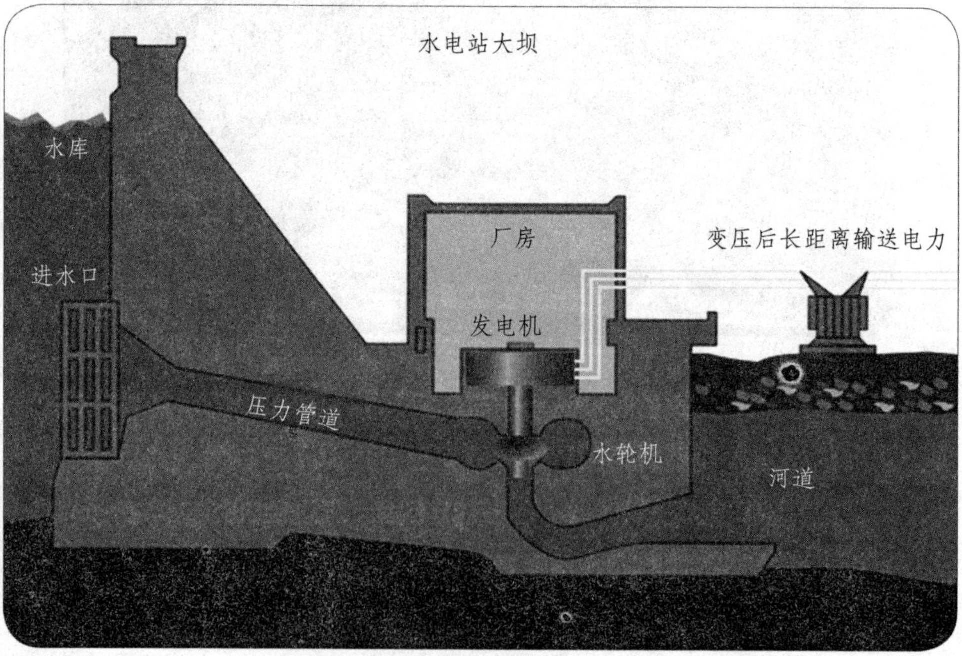

▲ 水电站结构图

人们对伏尔加河上游的管理工作主要集中在谢利格尔湖。人们将这个查尔达最大的湖变成了一个水库。这样一来，水就能根据人类的意愿选择流向，也许今天我们派它们向北赶往波罗的海，而明天我们又将安排它们到南面的里海去。

就这样，一个河流自主决定流向的时代终结了。从此以后，河流只能按人类的指引流淌着。以前自由自在的自然界中那些无拘无束的海、湖泊、河流，现在都不再自由。相反，控制了自然界的人类却拥有了更多的自由。

三个敌人

我们在书里讲述改造伏尔加河其实只是纸上谈兵，而实际操作中却困难重重。要知道，驾驭河流是一件违反大自然本性的事情。比如，为了在春天疏导洪水、对水资源进行合理的利用，明知道水流原本是自上而下流动的，可是我们却利用堤坝人为地逼迫河水自下而上涨高。

可是这个过程并不是万无一失的，如果堰、堤坝都被水冲毁了，情况岂不是更糟糕？防患于未然当然是首选。所以修建堤坝的工程决不能马马虎虎。我们必须提防三个妨碍堤坝安全的可怕敌人：沙、喀斯特与断层。

先来说说第一个敌人吧。很久以前，人们就知道沙是可怕的，这个敌人的可怕之处就在于它太软弱了。人们常说，用沙子建造的房屋是不安全的。那么堤坝更是这样。沙子是软弱的，一旦遇到水，它头一个四散逃亡。

人们建造堤坝，是为了让这个庞然大物横跨在河流上帮人们抵御河水的进攻。不管白天黑夜，堤坝都不能休息，只能靠它自己的身躯应对河流的正面进攻以及日复一日的侵蚀。在这种情况下，想让沙子做同盟、帮忙坚守阵地，简直是不可能的。正所谓软弱的同盟者比强大的敌人更可怕。

影响堤坝安全的第二个大敌名叫“喀斯特”，又叫：“岩溶”。这是一种土地、岩层的疾病。土地一旦染上了喀斯特，岩层中就会出现很多的空隙和裂缝，而且那些裂缝、空隙会逐渐长大，直到变成洞穴、坑洼为止。这种情况下，水就全顺着土壤的裂缝溜走，于是土壤变得干燥、树木也枯萎而死。我们有时会看到地面裂缝、建筑物因为地下的崩塌毁坏，就可能是喀斯特惹的祸。

显然，建筑应该远离喀斯特。于是，准确探知土地下面是否存在喀斯特就显得十分必要。那么现在让懂得地球身体构造的地质学家来解释一下喀斯特的形成原因吧！原来，一切都是水捣的鬼。在地底下，有溪流，有瀑布，还有河川。这些水待在地下的时候也没闲着，除了到处流动、干扰人们在矿井里工作，它们还偷偷地侵蚀着石头、溶解这白云石、石灰石和石膏。

只要碰到岩层的裂缝，水就大大方方地渗透进去，然后再动手扩大那些裂缝、制造更多的裂缝、造出洞穴和锥孔。只要给水足够多的时间，小洞就能变成大洞，直到有一天洞顶坍塌下来……由此可见，水就是一些脱离了工程师指导的“建筑工人”，它们对土地进行着无序、混乱的改造工作。

所以，我们应该在工程动工之前就仔细检查一下土地，及时发现地下深处的洞穴、喀斯特。要知道，在有喀斯特的土地上开展建设工作，是比建筑物建筑在沙子上更可怕的事情。

现在，我们再说说第三个可怕的敌人——断层。我们脚下的土地看似纹丝不动、稳若磐石，实际上它却一刻也没停止过运动，更谈不上永远安全稳固了。在漫长的时间里，它们有的慢慢向上凸起，有的缓缓向下陷落。我们熟知的比利牛斯山脉、阿尔卑斯山脉、高加索山脉都不过是岩层在千百万年的运动中形成的褶皱。

就像是肌肉绷紧后会爆发出巨大力量。因为运动、压力，在我们地球上的岩层里，在那些巨大的褶皱中，也隐藏着巨大的能量。如果压力到了岩层所能承受的极限，它也就只好在瞬间将压力释放出来。地壳爆裂、土地震颤，大地出现裂缝，岩层裂开、高低不平，断层就产生了。岩层的蜷曲需要漫长的几百万年，可是释放能量、产生断层的过程，也许只要几秒钟。

我们已经知道，裂缝会演变成喀斯特病。而断层的危害不止于此。因为地震的过程本身就会损害堤坝。更别提有时断层的边缘会在很长一段时间内继续上上下下地运动了。所以，在曾经发生过断层的地方修建堤坝是一件危险的事。

看来，修建堤坝不仅是困难重重，简直是危机四伏啊！那么，我们应该派出地质学家检查一下伏尔加河的地下地质状况。没错，我们的地质学家们已经开始在未来的工地那边开始勘探工作了。他们忙着用钻探机将岩层打穿，然后细心观察岩心，通过观察，他们就能确定底层岩石的“健康”状况。

经过一番勘探工作，地质学家们得出结论：想要修建伏尔加堤坝，必须要先解决这三个可怕的敌人。第一，对于河底有沙的地方，人们决定打入深深的河底，用铜制的墙来防护水对堤坝的冲刷。第二，学习外科医生做手术的过程，取出已经被喀斯特破坏了的岩石。然后再将水泥灌到地下的空隙和裂缝中，修补好裂缝。当然，这些都是补救的措施，最好还是找到没有沙、没有喀斯特、没有断层的地方。所以最先要做的就是先对土地进行缜密的勘察研究工作。

这件事情需要水利工程学与地质学的学者们共同努力才能做成。在建设者的眼里，全是对未来的规划；而在地质学者的眼中，则是地球漫长历史中的那些事。想要创造未来，了解过去还是很有必要的。

手术刀下的地球

就像是外科医生给一个病人开刀动手术一样，建设者们也一次次地在地球的身上动起手术来。

在这个地方，如同用线扎紧血管一样，建设者用横跨河流的大坝堵住了河水的去路，于是，上游的河水涨高了，河流变得更深、更宽阔。在那个地方，像给失血过多的病人输血一样，建设者将两条河流连接起来，于是原本有些缺水的河流就获得了水源供给。还有的地方，为了让河流重新焕发生机，建设者们用吸泥机、挖泥船清除河底的淤泥，行动迟缓的河流立刻欢腾起来，仿佛这年迈的河又年轻了 1000 岁。

▲ 水坝抬高了上游的水位，河流变得更深、更宽了

不过，手术越大，外科医生的责任也越重，他必须很小心。而对我们的建设者们来说，修建大堤坝就是一件既危险又复杂的手术。首先，在动手术以前，医生们需要举行会诊，诊查病患的身体再制定手术方案。同样，在动工建设堤坝以前，地质学家、建筑学家以及其他许多学科的科学家们都来了，他们要商量出一个尽可能完美的施工方案。

水利工程学的研究对象是水上建筑；地质学的研究对象是地球的历史与构造；鱼类学的研究对象则是鱼类和它们的生活……这些学科研究的内容是完全不同的，因此乍一看，我们并不觉得这些学科之间有什么联系，也不认为把这些学科的专家都请来有什么必要。可是，我们现在讨论的已经不是某个学科单独的学术问题，我们要做的事是改造自然。正是这件事，使得我们必须动用这么多的学科知识。因为这个共同的事业，这些研究对象完全不同的科学家终于有了共同语言。

其实这件事一点不难理解，要知道，自然界的一切都是相互联系的。尽管我们的书本经常将各种事物分开研究，可是在大自然中，水、土、鱼都是密不可分的。所以，请研究不同学科的科学家来一起商讨这件事情是很有必要的。

有关学者们的故事

我们应该请来自不同领域、研究不同学科的人一起来商讨改造自然的事情。如果你不同意我这个说法，我可以给你讲个故事……

假设一下，从前有这么一个水利工程师，他想修建一座堤坝。他没和任何人商量，找到了一条看起来不错的河流、选了一个看起来不错的地点，便带着工人们开始干活了。这时，一辆汽车忽然开了过来，一个拎着皮包的人下了车，对他说："你快停工吧，我是一个地质学家，我知道你选的这块地不安全，那下面有喀斯特！"

于是，水利工程师不得不决定停工，下令将刚刚建设了一半的堤坝拆毁。然后，水利工程师邀请地质学家一道去寻找别的施工地点。很快，他们俩找到了一个双方都满意的地点，于是工程重新开始施工了。可是没过多久，又有一个人坐着汽车来了，那个同样拎着皮包的人直奔水利工程师、地质学家两个人而去，他说："你们在这里修建堤坝，会挡住前去产卵的鱼儿的路。作为一个鱼类学家，我要求你们停止施工！"

毫无疑问，鱼类的问题必须被考虑进去。于是他们重新放弃工程，并决定三人一起去寻找新的地方。这次，水利工程师、地质学家、鱼类学家一起找到了一个更好的地方，不影响鱼类生活，河底也很结实，而且水的动力很足。可是，他们动工不久，又有一辆汽车裹挟着风尘飞奔而来，又有一个带着皮包的人下车了。猜猜，他又说了什么呢？他说："作为本地的农业学家，我希望你们在建设堤坝的时候考虑一下农业的问题。你们现在修建的堤坝一旦完工投入使用，将淹掉种植农作物的10万公顷良田，请你们为那些小麦和扁豆想一想！"

已经被迫停工多次的建设者开始烦躁起来，水利工程师、地质学家、鱼类学家与农学家吵做一团。最后的结果是，想要修建堤坝，还是得另寻他处。于是，四个专家一道踏上了寻找施工地点的道路。我们可以想象得到，想确定一个四人都满意的方案有多困难。历经多日寻找之后，他们终于找到了一个满足每个人要求的施工地点。他们动工了。一个月，两个月，看样子这次不会有人反对了吧？

不，又有一辆汽车带来了又一个专家……他走下汽车，对四个专家说："你们修建堤坝怎么不通知我呢？我是一家轮船公司的经理，我们现在的船只只能在河上航行，不能在湖泊上走。你们的堤坝修好后，河流会变成湖泊，请问，你们是否要帮助我们改造全部船舶呢？作为一名水运工作者，我必须为航行的调节问题据理力争！"

看样子，争论是无法避免了。水利工程师、地质学家、鱼类学家、农学家及水运工作者五个人吵作一团，各有各的理由，谁也没法说服谁。争来争去，他们只得决定再一次出发，历时一个多月，他们终于找到令五个人都满意的施工地点了。这次他们可以顺利开工了吧？

错了，又有一个人乘着汽车从国家的某个角落奔了过来，当然，他是来提出反对意见的……水利工程师不想再争论了，天知道说服了这个人，后面还会有多少人陆陆续续过来打断工程进度……他决定给上级发一个电报："我建议尽快召集各学科专家共同商议此事……"你看，事情也只能这样了。

让提坝排队

你看，还是召集一次各学科专家共同参加的会议再订计划比较好。人们改造伏尔加河时，这样的会议就开了很多次。很多学科的研究者都来商量里海、伏尔加河的命运。而且开完决定河流命运的会议后，建筑家与科学家们又开了很多次会议。

这些会议让科学家们意识到，想在伏尔加河上建设堤坝，人们必须克服很多困难。可是，再困难我们也得行动起来。现如今，世界上最大的堤坝就跨越在我们的第涅伯河上。而我们也已经成功修建了莫斯科－伏尔加运河，在白海－波罗的海航线上，我们也拥有了33条运河、15座堤坝。而在伏尔加河上动工，也是迟早的事。

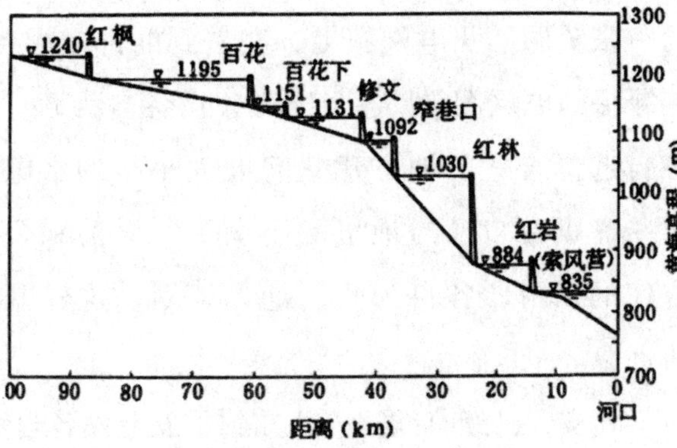

▲ 梯级水电站示意图

我们的国家日益繁荣昌盛，也许再过十年，我们现在觉得无法解决的问题就会变得不值一提。无数的堤坝正排着队等待我们的安排。队伍的前面，是一些小的堤坝，而后面，则是像卡麦申、古比雪夫一类的堤坝。等到这些大坝建成投入使用，它们将帮我们调节水流，同时提供大量的电力。想象一下，那些大坝发出的电量将是史无前例的……

愿望与计划

这就是我们的宏伟目标。简直不敢想象，那些西方国家看到我们的一个个远大计划会是什么心情。要知道，西方国家也许可能也有许多大水电站，可是不管是欧洲还是美洲，那些电站都是各自为政，他们的电力制度还停留在中世纪。

比如美国，它们的水电站可不会按照国家的计划统一行动。在我手中的一张美国三州电网图上，我看到的都是用各种颜色表示的大大小小、花花绿绿的电网图示。各个电力公司各自为政，那些公司瓜分了尼加拉瀑布，各自选择合适的地方建立起大大小小的水电站。这不禁让人联想起古代那些盘踞在自己封地里的小皇帝、男爵和公爵们。各个电力公司就像是古代的王爵，各自为政，毫无计划，这样既不统一，也浪费了国家宝贵的资源。

其实，已经有欧洲人认知到了发电站各自为政是多么混乱了。1930年，我看到了一本德国工程师奥斯卡·冯·米勒著的《电力供应国有论》。在书中，冯·米勒论证了将德国所有的水力发电站、火力发电站连接在一起的好处。他为德国编制了一个电气化的总计划。

看起来这与我们苏联一样。不过，事情接下来就不同了。德国的财政部长为这本书作序，赞赏了这名工程师的见解，同时强调，这只是一种学术上的讨论，并非政府的计划。看来，这不过是学者的一厢情愿罢了。因为，协调各方利益并不是一件容易的事。尤其，这个计划很可能会触动一些利益集团的既得利益。既然这样，那些手握重权的人为什么要支持这个计划呢？这本书中提出的宏伟蓝图就这样被无限期拖延下去了。

当然，也有别的国家编制过国家级的电气化计划，甚至有科学家提出建设一张覆盖全欧洲的电网，显然欧洲各国对谁在电网中占据中心是意见不一的。

河流的生活

奥斯卡·冯·米勒的《电力供应国有论》让我想起了俄国的索尔卡河和一个历史久远的水磨坊。

我曾经在那里住了一段时间。我记得，就在这同一条河上，在同一个村庄里，还有其他四个磨坊，这五个磨坊的主人也不是同一个人。我记得我住的那个磨坊的主人，是五个磨坊主中最年长的。这个老磨坊主总是向我唠叨着几个磨坊主之间的矛盾。原来，五个水磨坊经常因为抢夺水源、生意而吵闹不休，他们没法在利益的问题上达成一致。

就因为这样，索尔卡河的状态就像是一个醉汉，有水的时候河流就变得放荡不羁，人们将水截留的话它就变得无精打采。要知道，上游的人总是不定期地将水拦下来，不让河水向下游流。他们的目的很单纯，或是为了水磨的生意，或是为了捕鱼打猎，也可能他们只是看上了生长在水池中的那些青草。

索尔卡河的生活的确是不成体统。当然，作为水磨坊的后代，欧洲的那些现代水电站并不像它的曾祖母似的生活潦倒，尽管那些各自为政的电力公司也不曾为了共同的计划而妥协，可它们之间更多的不是恶意的抢夺资源，而是竞争。而且就是在一个国家的内部，这样的竞争也不曾停止。于是，科学家论文里的理想方案也只能是一纸空文了。

假如现在停电

实业家一旦掌握了某种东西，就会想尽办法利用它获取利益。我们应该庆幸那些实业家还没想出霸占太阳的办法，不然他们一定也会凭着日出日落、晴朗的阳光向我们要钱的。现在，电力这个地位并不次于太阳的资源在实业家的手里，这情况简直太危险了。

太阳固然只有一个，可是电力也很重要。如果我们生活的城市突然断了电，工厂、电车、电话、电报、无线电、印刷报纸的工厂、电灯等等都将停止工作。我们的生活已经不知不觉地依赖起了电力。不管是弱电流、强电流，还是直流电流、交流电流，都是我们生活中不可或缺的一部分。

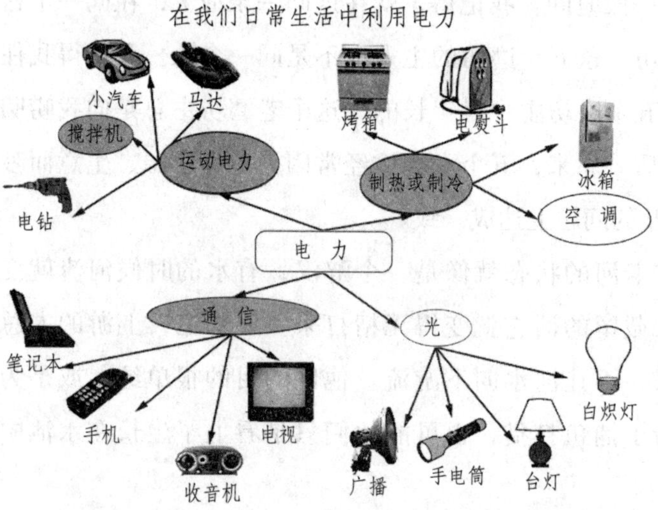

▲人们日常生活已离不开电了

可是这些，都被实业家们攥在手里。电力公司们各自为政，互相竞争，同时，他们对于使用电力的部门也不是很客气。拥有了发电站，实业家们就觉得高人一等了。所以，如果能将整个电力网合并为一个总的事业来处理，电力才能更好地为人们服务。可是，这样一来，电价要下降，而且各个电力公司、用电大户之间免不了利益上的斗争、妥协。要他们主动放弃自己盘子里的蛋糕是不可能的。你看，他们还经常因为财产的事情闹上法庭呢。

有关水和鱼的诉讼

现在在法庭上审理的案件就是有关财产权保护的，双方争夺的财产是“水”和“鱼”。

让我们先听听一方律师的观点吧：“‘杜德尔－富德尔渔业公司’对某条河流中所有的鱼享有所有权，不管是河中现在有的还是将来有的、不管是已经长大的还是尚未孵化出的、不管是已经被捞起的还是尚未被打捞上来的鱼，统统都属于本公司。而‘斯蒂普塞尔通用电气公司’却在河上建起堤坝，这侵犯到了本公司对河中鱼类的所有权。因此，根据现行法律，‘斯蒂普塞尔通用电气公司’应该支付给‘杜德尔－富德尔渔业公司’侵权赔偿款235743.53卢布。”

接着，另一方律师发表辩护词了：“‘斯蒂普塞尔通用电气公司’并没有妨碍到‘杜德尔－富德尔渔业公司’捞鱼。因为‘斯蒂普塞尔通用电气公司’拥有修建堤坝地段的土地所有权，也就是说‘杜德尔－富德尔渔业公司’并不是‘斯蒂普塞尔通用电气公司’公司修建堤坝地段的土地所有权人。况且，‘斯蒂普塞尔通用电气公司’的堤坝距离‘杜德尔－富德尔渔业公司’还有135里78码2尺4寸。总而言之，‘杜德尔－富德尔渔业公司’修建堤坝的行为与‘杜德尔－富德尔渔业公司’是否捞鱼并没有关系。故依据我国现行法律第7541条第186款第58项乙附注14，‘斯蒂普塞尔通用电气公司’没有支付‘杜德尔－富德尔渔业公司’赔偿金的义务。”

在法庭上，法官需要判定的是一方对另一方的侵害财产的行为是否属实。可是，这场审判应该还有第三方当事人参加才对。谁也没有向法庭提出质疑，为什么有关国家资源的案件中却没有“国家”这个当事人参加。事实上，法官若想判定那个公司是否应该修建堤坝，不是问在法庭上唇枪舌剑的两个公司，而是先征求国家的意见。

对这样的事情，我们也想论辩一番，不过不是在法庭上，我们将在科学会议上充分论证修建堤坝的必要性。我们会邀请科学家参与论辩，而不是律师。我们这个会议举行的前提是，大家都承认，鱼、水、空气、土地的产权都是在国家的手里。因此，在我们的科学会议上，我们不会去争论谁该拥有这些东西，而是要讨论应该怎样在国家利益最大化的前提下利用它们。

水、空气、土地和鱼等资源都是属于国家的，也是属于我们大家的。所以我们讨论问题的宗旨就是，怎样的计划是对国家最好的。在我们看来，问题很简单，对国家有利的就应该坚持。当然，如果有利有弊，就要权衡利弊了。

扩充巨人的军队

我们设计出了一个将所有发电站、所有河流连接在一起的全国性的、总的计划。不久的将来，我们将建成一个巨大的高压电力网，电线将按照一个系统，在不同的省、地区之间输送电力。到那时，顿巴斯、乌拉尔、伏尔加流域、高加索、中部各省和中央工业区都将被囊括到一个统一的电网中。

我们已经开始修建区发电站了，它满足的不仅仅是一座城市或是一个工厂的用电。有了区发电站，一个区域内的很多城市和工厂就都有了电。同时，我们还将建造区际发电站，它们的服务对象不仅仅是一个区，而是几个区。而且，我们的区际发电站不是一个，而是有好多个。它们手拉手、互相帮助，我们就可以得到源源不断的电力供应了。

而这，就是征服大自然。

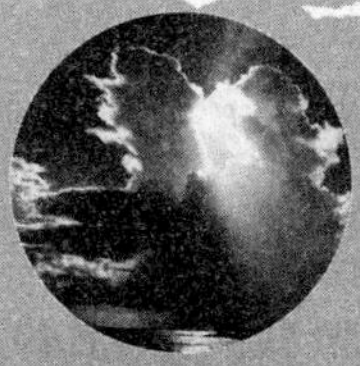

第07章

·聊聊天气·

当你还在舒适的家中、在安全无忧的环境中时，谈论天气顶多让你记得带上雨伞。但是，如果你现在身处田地中的联合收割机内，或是在距离海岸数千里外的轮船上，或是在周围一片大雾的某个飞机上，天气这个话题就显得不那么轻松了。这时，天气是一个决定人生死的东西。

云雾与雨水

天气是个不错的话题。当人们觉得无话可说的时候，他们就会聊聊天气。“今天天气真不错！”“你看这倒霉天气！”住在同一幢房子里的邻居碰面时，他们会一起赞美或者咒骂一会儿天气。而客人向主人告辞、准备离开主人家时，他们常常也会顺便谈谈天气。

当你还在舒适的家中、在安全无忧的环境中时，谈论天气顶多让你记得带上雨伞。但是，如果你现在身处田地中的联合收割机内，或是在距离海岸数千里外的轮船上，或是在周围一片大雾的某个飞机上，天气这个话题就显得不那么轻松了。这时，天气是一个决定人生死的东西。

天气能决定人的命运。假设你现在正跟着一些船员在某艘轮船上赶路。忽然，轮船进入了一片雾中。你会发现眼前一片灰暗，看不清周围的东西。这时，望远镜和人的双眼都失灵了，轮船彻底变成一个瞎子，只能摸索着、小心翼翼地缓慢向前行进。天晓得前面有什么危险在等着人们呢！有雾的时候，就算再小心，轮船还是会偶尔与别的船、礁石之类的东西相撞。

如果有了大雾，轮船和飞机大都会选择停滞不前。虽然在前方没有水雷、炸弹，可是前方有雾。雾是一个由无数悬挂在空中的细小水珠组成的可怕敌人。如果你运气不好在旅途中遇到了雾，你的飞机可能会被拆碎，你乘坐的列车也可能翻毁。

雾是我们的敌人，而雨也不例外。

雾是由细小水珠组成的，而雨是更大一些的水珠，当细小的水珠聚集在一起后，就变成大雨滴了。有的时候，接连很多天，雨一直下个不停。雨水会淋湿我们堆在田地里的谷物，并把它们泡胀，直到害得谷物烂掉才罢休。如果雨愿意，它会接连向我们的田地进攻，只见一队队由水组成的大军毫无倦意地践踏我们的田地。对此，人类只能无可奈何地祈祷雨快点停……

水是一个让我们又恨又爱的敌人。它们太频繁地造访会给我们带来困扰，可是如果它们很长时间不来，事情也会变得很糟糕。有的时候，一连数月，只见太阳早出晚归，却不见一滴毛毛雨。有的时候，在卡查赫斯坦、伏尔加河左岸等区域，一整个夏天都没有降雨。干旱会让人忘记水曾经闯出的祸，人们会琢磨：那些曾经没完没了侵扰我们的水都去哪儿了呢？

▲ 暴雨过后一片汪洋

其实水一直都在，只是有的时候它们融在空气里，以我们看不见的形态与我们玩起了捉迷藏，即使是天气最干燥的时候，它们也没有离开。其实，这些藏在空气中的水还是数量可观的，如果它们全变成雨滴，那么我们的每公顷土地都能得到一二百吨雨水。

当人们期盼雨水降临的时候，他们就会抬头看看天。一般来说，如果有了云，雨也就快来了，要知道，云就是一种看得见的雨，是一种半空中的雾。有的时候，空中真的就出现了乌云。而且那些云看起来不轻，重量大概有几千吨。可是，就在人们准备欢迎雨水的时候，那些云又无声无息地飘散了。一切归于平静，就像什么事情都没发生过一样。

当我们不需要时，雨就下个不停。而我们热切期盼雨水降临的时候，它们又躲得无影无踪。难道，我们就拿这些空中的水没办法了吗？人类早就控制了地面上的水，现在，我们要让空中的水向河流、瀑布学习，乖乖地为我们服务。

带翅膀的气象台

人们决定控制空中的水，不让它们为所欲为。首先要做的就是侦查一下那些水在什么地方、数量有多少、距离地面有多高。于是，人们派出了自己的“侦察兵”。科学家将测量用的仪器装在盒子里、系在氢气球或者风筝上，还会连上一个无线电发报机，派它们上天去看看。这是个带翅膀的气象台，学名叫“无线电探测器”。

人们带着无线电探测器来到田野中，然后将这些会飞的气象台放飞。等到那些侦查员越飞越高，气象工作者就带着耳机将侦查员发回的信息记录在纸上。就这样，科学家在地面上，仪器代替他上了天，仪器帮他去天上旅行，将所见所闻通过无线电回报给科学家。

等到这些带翅膀的气象台完成任务后，就会降落回地面。不过，找回这些侦察兵可不是容易的事儿。如果是落在有人居住的地方还好，可是有的时候，它们降落到了无人的沼泽或是茂密的森林，甚至还可能摔得粉身碎骨……

这些带翅膀的气象台究竟向科学家汇报了什么呢？它说，水大多集中在靠近地面的1.5~2千米的大气层中，数量可观。显然，如果这些水都聚集成云、变成雨落下来，将会是一场持续很久的降雨。

如何让水着陆

在学会召唤雨之前，我们先要学会制造云。

不过，懂得雨的本质、知道下雨的科学原理的人真的不多。只有在最复杂的那些物理化学实验室中，才有那么一点人工造出的雨。显然，这都是因为我们看不见空气的那些气流，如果我们能看到气流是如何带着水在地球上旅行的，问题就容易多了。

人们只知道，水不是独自在地球上旅行，它还有一个旅伴——气流。在地面上，总有各种巨大的空气团在各自运动着，它们带动着水汽做环球旅行。那些来自海上或陆地上的气团有的喜欢热的地方、有的喜欢冷的地方，它们有的带着大量的水、有的带着少量的水。当这些大不相同的气流相遇时，冲突就发生了。

比如，一个气流又热又轻，而与它相遇的气流却又冷又重，热气流便会带着自己的水上升到冷气流的上面。可是，刚刚爬上冷气流背脊的热气流很快就发现这里很冷。那些隐藏在气流中的水受不了了，遇冷凝结成了小水珠，这样我们便能看到空中的云龙。

不过情况也可能是另一种景象。如果冷、热两股气流相遇时，不是热气流平缓地爬上冷气流的后背，而是冷气流猛然钻到热气流身下、粗暴地将热气流甩到自己后背上，那么，气流中的水就会因为突如其来的寒冷而快速凝结成水珠。这也是一种我们常见的云，人称“雷雨云”。

这就是我们需要的积雨云。我们需要一个“着陆场”，以便让那些带着水的热气流冷却下来，变成小水滴……那么，“着陆场”是怎样的呢？着陆场是由大量尘埃、工厂废气、带电的气体分子、漂浮着的海盐细末等粒子组成的。只有空气中有这些粒子、而且粒子的数量足够了，水汽才有空间停留，

▲ 积雨云

才能变成组成云的水珠。

但是，“着陆场”并不是产生积雨云的唯一条件，还需要让那些细微水珠相互碰撞、变成大滴的沉重雨滴才行。想要做到这一点并不容易。我们得想办法让它们相互碰撞，可是有些水珠相撞后也只是互相弹开，那是因为水珠都是带着电荷的，有的带着正电荷，有的带着负电荷。如果它们带着相同的电荷，便会相互排斥，只有分别带着阴阳两种不同电荷的水滴相遇，它们才会因相互吸引而团结在一起。

你看，由空气中细小得不可查的水到我们切实能感受到的滂沱大雨，这个过程并不简单。想要对着空气中的水发号施令，我们就要学会让一些空气变冷，还要学会散布尘埃等微粒、帮变冷的水找一个着陆场，而且，还要将带着电荷的沙用飞机抛到高空中去……这些事情都是我们可以做到的。那么，现在我们是否积累了一些指挥空气中的水的经验呢？

炮轰云

平常做实验的时候，科学家们会摇晃一下试管，以便那些溶液加快反应速度，现在心急的科学家们也希望将天上的云摇晃一下，因为他们相信这样做能令天上的那些细微水珠变成大的水滴。

于是人们想到用大炮轰云。40 年前，美国人就做过一回这样的事，为了激怒空气中的小水珠，人们对着得克萨斯州的天空发动了战争。风筝、气球带着满载炸药、爆鸣气的炸弹上了天，在细微的小水珠周围爆炸；大炮在轰轰地响，火箭弹也嗖嗖地蹿到空中炸开……

在这场气象学家指挥的战争中，人们一共耗费了 68 个装着爆鸣气的气球、475 个炸弹、6.5 千克“罗沙里特”、“罗卡·罗卡”炸药，以及无数的炮弹。他们耗时一天，云才百无聊赖地滴下一点雨水。于是这些人向世人证明：大炮轰云的办法成本太高了，想要人工造雨，还是想别的办法吧。

飞机攻云

飞机的发明者莱特兄弟曾经看到飞机与天上的云碰面的情景。奥维尔·莱特记载道：“一天，我被屋子外的一阵飞机轰鸣吸引，放下手头的工作向外面看去。只见沃伦驾驶着飞机直入云霄，只是几秒钟时间，他和飞机就消失在云中了。可是不久，飞机就拖着轻烟尾巴从云的另一端出来了。飞机在云中穿来穿去，那些云就在三四分钟后消散了。我们发现，当沃伦的飞机穿过云后，云就会消散……”

莱特记载的沃伦是一名美国的大学教授，他和班克罗夫特教授搭档从事飞机攻击云的实验。1903年，莱特兄弟发明了世界上的首架飞机。当时的飞机还不过是一个只能离开地面几米的笨拙大鸟。可是就在短短的20年后，奥维尔·莱特就看到飞机已经开始向天空中的云进攻了。

▲ 用飞机人工降雨

班克罗夫特与沃伦将军用飞机配置了能给沙带上电的装置，当这台机器完成工作后，他们就用飞机的推进器将那些沙撒到空中去。他们的飞机居高临下，不到一分钟，沙就把云打出了一个大窟窿，又过了5分钟、10分钟，挨了打的云便彻底消失了。

两名教授只用40千克沙就让长达几千米、厚达半千米的云消散了。据当地媒体报道，那些被飞机攻击的云偶尔也会变成雨或者雪降临大地。这就是人类首次用飞机攻击云的情况。

戴维斯和海特的塔

后来有很多人都开始了操纵云的实验。1926年，一份外国的报纸就报道了美国纽约的一个新闻，这次攻击云的主角不是飞机，而是工程师戴维斯和海特的高塔。他们在塔顶的小屋中装了一个能接收到忒斯拉电流的仪器，忒斯拉电流是一种特殊的电流。当实验站投入使用后，这个仪器就会带上电，而人只要用手碰一下墙壁上的钉子，塔便会向空中爆出一个电火花。

戴维斯和海特认为，这个实验站能将四面八方的云聚集过来。这个装置毫无疑问能用于人工降雨，他们认为，就算有时晴空万里，但是只要开动他们的机器，一个半钟头后，天空就会变得阴云密布。两个工程师就是这样向媒体介绍的，可是没有人相信他们，更没有人支持他们继续实验。

除了这条新闻，从欧洲、澳洲、美洲的各个国家也陆陆续续传出了很多其他的消息。不过那些消息却是真假难辨的。甚至还有报纸介绍了一个靠“造雨”致富的“造雨家”。他与一个农场主签订协议，商定为农场主有偿造雨。很巧的是，那年夏天雨水充沛，于是这个“造雨家”歪打正着，毫不费力地赚了一笔钱。

看来操控云、人工造雨的事情大有进展了。可是，如果你认为人已经成功控制了空中的水的自由，你就大错特错了。严肃认真的科学家们还在做实验呢！

雨和政治

如同管理地上的水一样，管理天气也不是一件简单的事。人们还需要了解很多东西，还需要很多学科的专家一起商量才行。而且，天气还关系到政治，不仅需要科学家们参与，还需要利益相关的群体共同参与进来……

尽管气象学家是研究天气的，管理天气却还涉及化学家的研究领域。比如空中的云的产生过程就是一个化学反应发生的过程。为了好好研究一下空中的那些化学事件，化学家们专门成立了一个研究雾的化学部门。

有了气象学家、化学家还是不够的。要知道空中那些水的变化所产生的云、雷、雨，都是电在起作用，所以我们还需要一名电气物理学家。

不过，为了更精确地衡量雷、雨、冰雹等自然现象，我们还需要数学家帮忙总结出数学公式。这些数学公式不仅能解释天气现象，还有助于以后人们更精确地控制天气。

有了气象学家、化学家、电气物理学家、数学家们的理论支持，我们还要有技师帮忙制造那些用于控制天气的机器、仪器。只有这样我们的设想才能变成实际行为。

当然，我们也需要请一名经济学家，我们需要知道我们的每一个人工控制天气的方案究竟耗费了多少人力物力。我们不仅要能控制天气，也要找到更节约金钱的办法。

除此以外，我们还要有一名政治家，因为管理天气的活动很可能让别的国家不满，我们可不希望实验还没成功，先引起一堆国际冲突。

此外，我们需要经过千百次实验才有可能成功。你看，这项伟大的事业不是一个人可以完成的，我们需要数千人一起、在数百个实验室、利用多门的科学知识，统一分工合作才能完成。

可是就算是这样，也还是远远不够的。

德国科学家温德列尔博士在1927年出版了名为《用技术方法影响天气问题》的著作。他在书中说道：“人们习惯为了争取利益而斗争。如果人们能够成功地用技术方法影响天气，现在的沙漠就将变成一片沃土。这固然是件好事，但是也可能会带来对土地的争夺，国际冲突就无法避免了，只有地球各处的气候都得到改善，人们才不会互相争夺，而且在一个国家内，如果国家在改善气候的问题上对各个地区厚此薄彼，也会引起国家内不同地区居民的矛盾。”

作为一个很懂政治的科学家，温德列尔博士十分清楚，用技术方法影响天气这件事本身在科学上的难题还不是仅有的困难，人们利益的矛盾才是阻碍发展的最主要困难。

那么，有没有可能使大家的利益不再矛盾，让大家有共同的利益呢？当然可以，不过这需要改变全人类现有的整个制度。

不可能的事

有的时候，想象一下那些不可能的事情，也是有好处的。

现在，让我想象一下，有一个国家的某一个科学家或科学家团队，成功研究出了人工制造天气的方法，并且申请了专利，这个国家的“天气总公司”买走了这个专利。

然后，“天气总公司”开始在全国各地修建天气操控站，并且为这些天气操控站都配备了一个专属飞机场，全国有数千架飞机在各个天气操控站待命，随时准备奉命起飞、对云发起进攻。总公司还请来了这个国家几乎所有的科学家为他们工作。公司设置了总办事处，这里的工作人员随时等待用户上门，准备接受雾、雨、云的订货，也准备接受坏天气或好天气、不下雨或下雨的订货……

可是，这个国家的人有着不同的想法，有人需要好天气，也有人盼望坏天气，大家只能竞价决定。这边航空公司、轮船公司、铁路公司主张停止一切下雪、下雨、发雾的活动。经营旅行公司、旅馆和避暑胜地的老板以及制造飞机、轮船、汽车、自行车、照相机、凉鞋、花布、游泳衣的工厂主们都同意这个提议。另一边，则是以农场主为代表的赞成下雪、下雨、发雾的阵营，那些医院、药房、殡仪馆的老板、经营燃料生意的人、制造雨衣、雨伞、套鞋、毛制品和皮大衣、雪橇和滑雪板等产品的工厂主们都支持了这一主张。

我们会看到报纸上论证下雨、下雪、发雾究竟是利大于弊还是弊大于利的文章层出不穷。今天，主张每天天气晴朗的政党暂居上风，而明天，主张天气迷雾重重、风霜雨雪不断的政党又后来居上。因为天气的问题，内阁不定期地下台、重组；而掌权的人则趁机获益，贪污之风盛行；至于法官，则每天都被各种天气引发的诉讼忙得焦头烂额；而律师，则忙着为各自的当事人争取“私人地界上空的雪的所有权”、“私人土地的天气自主权”等等。

如果你觉得这件事与平民老百姓没关系，那就大错特错了。很快，老百姓就不得不为“下雨”、“下雪”、“发雾”、“停雨”、“停雪”、“停雾”等等各种“天气总公司”强行提供给他们的服务买单了。而且，价格越来越贵，就算你对当时的天气服务不满意也得付钱。原本免费享受大自然赐予的各种天气应该是每个人的权利，现在却要付费了。

而且，随着天气的价格节节攀高，其他商品的价格也一路上涨。因为，当天气不再免费时，就将变成一种商品的服务成本。你会发现，肉变贵了，因为干草不再便宜，而干草的涨价是因为下雨的价格很昂贵。就是这样，人们不得不接受日益昂贵的马铃薯、粮食、套鞋、戏票、火车票、医疗费等等。

在全国范围内，自然界变得一团糟。由于人为操纵，有的时候连着好几个星期都是雾气蒙蒙、大雨滂沱；可是有时又突然干旱、炎热得毫无征兆；洪水泛滥成为常态，随之而来的是田地被淹、轮船失事……终于，成千上万的人感冒了、伤风了、感染肺炎了……

怨声载道的老百姓终于忍无可忍，举起了示威游行的旗帜，在国家议会前，你会经常看到那些示威的标语："我们要免费的天气！""打倒天气总公司！"而国家也不得不为散布在全国各地的天气操纵站派出军队；警察则被要求驱散示威民众，时不时人们还会听见枪声。

这样的形势没持续多久，事情就变得濒临失控了。有人把"天气总公司"手中的专利偷到手了，另外的一些大公司也掌握了操纵天气的秘密。于是，国家内出现了总公司以外的提供天气产品的公司，"天空托拉斯"、"四种自然力辛迪加"、"云雾股份公司"、"雷电信用公司"……这些公司各自为政，有的想要雨、有的想要雪、有的想要雾，还有的什么都不想要，在前面几个公司对天空各自忙活一通之后，对着天空发出了一个"不要雨、不要雪、不要雾"的命令。

这还不算完，用不了多久，别的国家就会培养出了他们自己的"天气制造家"。于是，竞争的范围不是一国之内，而是一个星球之内；竞争的主体不是托拉斯，而是各个国家。在报纸上，在街头人们的口中，各种让人心惊胆战的消息流传开来。一会儿是，"法国的晴空万里被意大利的托拉斯们赶走了"；一会儿是，"亚速海岛屿送给欧洲的冷气团被德国人劫走"；一会儿又是，"开火啦！南美洲的国家因为一场雾打起来啦"。全世界都变得一塌糊涂，天气成了各国开战的正当理由。

终于，最糟糕的事情也来了。由于频繁地用人工手段影响天气，自然力的平衡被打破了，大自然便开始以恣意妄为表达不满，因为人工造雨太过频繁，有的地方洪水泛滥，城市和村庄一夜之间被淹在水下；有的地方正在经历史无前例的旱灾，人们辛辛苦苦种植的小麦全都因缺水而死；还有的地方，毫无征兆地遭受了暴风雨的袭击，甚至城市被史无前例的大雪整个埋了起来。

现在，已经没有一年四季了，就连气象学家也说不清明天会是什么天气。人们只能随身携带着滑雪板、雨伞、皮袄和游泳衣，神通广大的“天气制造家”固然能帮人改造天气，却无法改造大自然自由不羁的脾气。

天气，刚刚被人们驯服没几天，就重新变得狂暴不羁。因为它实在没料到自己要同时伺候这么多主人。于是，曾经对着天气指手画脚的天气托拉斯再也没有操纵天气的本事了。

荒谬之处

我前面讲的这个关于“天气总公司”的故事是不可能在现实生活中出现的。因为，如果引用了不正确的假设，得出的结论就是荒谬的。在教科书里，作者经常故意这样推理证明，推导出一个荒谬的结论，得出一个错误的结果，这种方法被称为“归谬法”，而我用的正是这种方法。

我的这个故事，正是从一个荒谬的假设开始的，因为在整个国家范围里操纵天气并不是一个托拉斯就能办到的事，只有当全国上上下下都达成共识、为了一个共同的任务而工作，这样的事才有可能。所以，我最先开始假设的“天气总公司操纵天气”是不正确的。

而且，就算是“天气总公司”能够靠自己一家公司的力量操纵天气，它想继续经营下去，也是举步维艰的。还记得我提过的戴维斯、海特两名工程师吗？他们的实验刚一开始就遭到了邻居的反对，隔壁的农场主将他们告上了法庭。

所以，如果这家托拉斯想正常工作，就得与利害相关的机构、个人取得共识，它必须获得工厂主、渔场主、菜园主、果园主、牧场主、农场主、银行家、商人以及矿山、发电站、航空公司、轮船公司、铁路公司等等机构的负责人的同意才行。

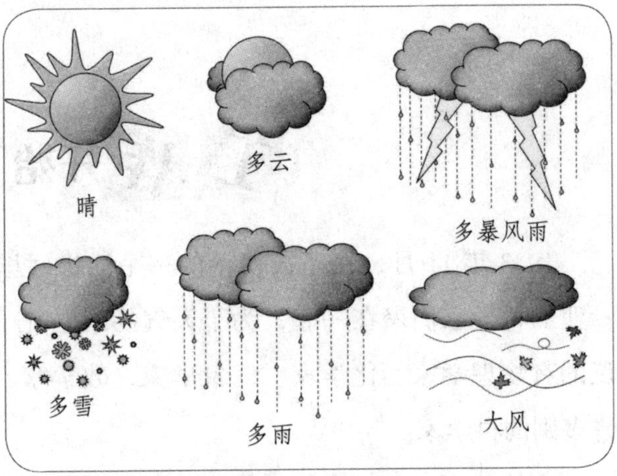

▲ 各种天气标识

可是，想让这些机构和个人全部同意，根本是不可能的。根本原因就是，他们各自有各自的利益，他们在这件事上没有共同的好处。

比如，到了某个季节，莴苣和菠菜需要丰沛的雨水，而柠檬则希望雨水不要那么多。不管你是决定多下雨还是少下雨，总有一方的利益要受损。公说公有理，婆说婆有理，你应该支持谁呢？类似的问题还有很多。随便一个问题都能让“天气总公司”束手无策。

只有当人们暂时放下自己的利益、以国家的利益优先的时候，这些问题才有可能得到解决。也只有到那个时候，所有这些问题就都变成简单的数学问题了。到那时，人们将计算一下全国一共需要多少菠菜、莴苣、香蕉、柠檬，而全国应该分布多少的田地、果园、菜园也有据可循了。

至于某个地方究竟需要在什么时候、下多少雨，理论上也可以通过艰难的计算得出来的。人们要考虑到田地、菜园、果园的需求，也要把水电站、河流、森林以及许多其他的事考虑在内。人们可以将整个国家的所有工作都规划到一个统一的计划中，然后按照一个总的计划、为大家的共同利益而工作。

在以国家利益优先的制度下，雨、云、风、河流、田地等等都只有一个主人，那就是国家。在这个唯一的主人面前，自然力必须言听计从。

工作开始了

1933年11月，在圣彼得堡的一个演讲厅里，来自全国各地的研究不同专业的科学家们聚在一起，为了天气的问题开了个长达三天的会议。参加会议的有物理学家、化学家、气象学家、数学家、电气物理学家、天文学家和许多别的科学家。

邀请他们来参加会议的是实验气象学研究所。这门学科算得上是诸多学科中最年轻的科学之一了。而实验气象学研究所毫无疑问是世界上最年轻的研究所之一了。领导这个研究所的所长在会议开始之前邀请远道而来的来宾参观了研究所内的各种设备和仪器。

观众们走进一间雾化学实验室，看到了一个四周都是玻璃的立方体柜子。实验室主任介绍说，这个设备可以制造真正的雾，那些白茫茫的雾能够支持8小时以上。不过，实验室主任并没有让那些雾活8个小时。之间他打开了一个电气仪器，那里面便开始有点火花爆出，3分钟后，那些雾就从观众的眼前消失得无影无踪。

这里还有很多其他的设备和仪器。研究所还有一间宽敞的玻璃屋子里，研究人员在这里从事大规模的雾的沉降实验。研究所还将无线电的发明者波波夫曾经工作过的高塔收归己用，在塔的顶端，人们正在研究X射线可能对云产生的影响。

在那时，人们的实验也是刚刚展开。大自然有许多紧闭的神秘大门等待人类开启，而人类的探索之旅才刚刚开启。不过，毕竟我们已经开始了探索之旅，也许我们在10年之后就能找到打开那些门的钥匙……

用烟攻云

用烟攻云的实验现场并不在圣彼得堡，而是在苏联另一端的沙漠边界上。物理学家费多谢耶夫领导着土尔克明雨研究所的工作人员在那里进行着实验。

在 1931 年召开的一次抗旱会议上，费多谢耶夫向参会人员介绍了自己第一次尝试召唤并停止雨的方法：那就是把一只专门在作战时放烟雾的军用发烟罐点燃、发送到空中。这样的实验他一共做了两次。

▲ 用烟攻云人工降雨

第一次实验选在一个万里无云的大晴天。当他的发烟罐被送到空中后，便施放出了 2000 立方米带着电的烟。2 个小时后，天空开始聚集起了云，随后还下了 8 分钟的雨。

第二次实验是在一个阴云密布、大雨滂沱的日子进行的。他想利用发烟罐将雨止住，便让发烟罐在空中释放出 2000 立方米带着相反电荷的烟。40 分钟后，云层破了一个洞。他惊喜地看到，尽管有云的地方还在下雨，可是那个被他轰出的洞却不下雨了。

这件事发生在 1931 年。科学家们并没有急着对这个实验做出评价，因为他们并不清楚该如何分辨天然雨和人造雨，也不知道雨被人为止住或是自己主动停住这两者有什么区别。所以，现在下结论还太早。至于庆祝胜利的事，还是等等再说吧。

用天空做实验室

关于土尔克明雨研究所的科学家们的最新科研进展，《真理报》进行了报道。费多谢耶夫与他的研究所的工作人员们的最新设想是：像化学家掌控试管里的化学反应一样地掌控大气。

对于化学家来说，只需向玻璃杯中加入一点溶液或晶体，就能让浑浊的溶液变得透明，或是让溶液沉淀出物质，或是将澄清的液体变得浑浊。

而在费多谢耶夫看来，大气也是一种溶液，是一种水溶在空气中的溶液。而雨、雪、雹等天气现象，不过是因为大气这种溶液变浑浊了、沉淀出了物质。要知道，在俄文中，气象学家口中的“降水”与化学家口中的“沉淀”可是同一个词语。

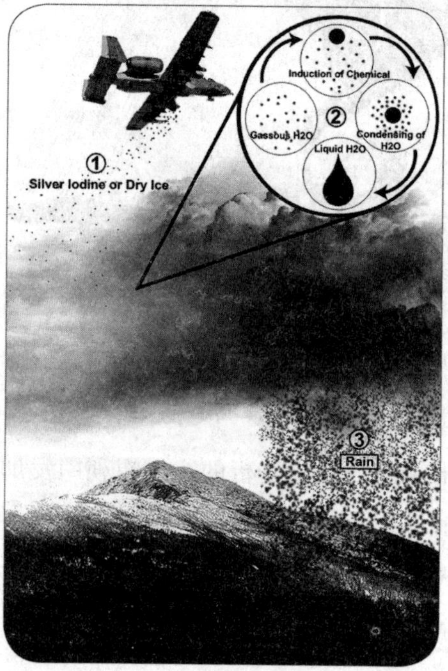

▲ 人工降雨图解

自然而然地，土尔克明雨研究所的工作人员就会想到，学习化学家控制化学反应，也向空中撒点儿东西促进降水的形成。《真理报》向人们介绍了他们的做法：“他们派出多架‘岛 2’型农业航空飞机，在云端撒下粉末状的、或是喷出溶液样的化学药品。大约 5~7 分钟后，在灰色的云层中，沿着飞机播撒药品的路径，一条地面上的人用肉眼就能看到的透光的带子出现了。随着时间推移，带子变得越来越宽，直至变成乳白色的一大片。之后，雨水便由小到大、由疏到密地渐渐落下。那些雨点看起来与天然的雨滴没什么两样。”《真理报》上还说：“第二组是实验能否利用雨云造成降雨。实验的结果是，有 90% 的概率雨云会变成降雨。”

当时执行这次任务的飞行员什日涅夫斯基回忆说：“我上升到空中后，在云中穿行，感觉周围很安静，没有一点雨滴。我按要求将化学药品撒出去后不久，便有云逐渐冒出来了。下雨了，我再乘着飞机飞进云里，发现那里面也有雨。这时，我感觉到了扑面而来的雨滴和风，而飞机则像进入了一个气旋摇摇晃晃……”

这样的实验，只有在经过严格的审核后才能被认可。不过，毕竟人们已经开始尝试着对付雾了，而人造雨还是以后的事儿。要知道，征服乌云不是一件简单的事，既然问题已经提出来了，人们早晚都会想出解决办法。不过，现在看来，人们距离真正解决问题还有很长的路要走。

以后的事

许多年以后，我们终将能够对全国所有的水——不管是天上的水，还是地上、地下的水——都招之即来、挥之即去。

总有一天，地面上和地下的水都归我们管理，我们想让它们流快点就流快点，想让它们流慢点就流慢点。我们能够管理河流，还能创造新的河流；我们将对河流进行改造；我们的国家将布满四通八达的新水路；草原上纵横交错的，是我们设计修建的灌溉渠；我们还将修建水库、堤坝，还有水电站。狂躁的河流会被管理得温顺听话、水量充沛，而且再也不会发生洪水了。

气候也跟着改变了脾气，北方的气候会变得干燥一些，南方的气候则会变得湿润一些。我们在全国范围内都有天气服务站，这些服务站的工作人员知道什么是合适的造雨时机，他们会派出飞机进行人工降雨，将海里过来的湿润水汽变成干旱地带的珍贵雨水。

到那时，农民很可能已经不知道干旱、欠收的滋味了；沙漠已经从曾经干旱的南方消失，在长年多雨的北方也不见了沼泽；苔原退却，田地和森林则开始进攻。

如果我们学会在水的环球旅行途中——不管是空中、地上还是地下控制住水的生活，所有的这些都会成为现实。这就离我们改造自然不远了。

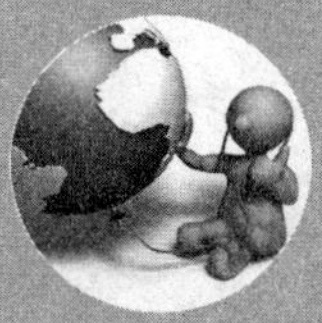

第08章

·在高山面前·

我们可以利用山、河的自然资源和力量来帮我们建设家园。不过，我们有时也很强大。我们只是在没有理想、孤军奋战的时候才显得渺小。当我们团结起来，为一个共同的理想而努力工作的时候，我们也可以成为力大无穷的巨人。有一天，我们将征服山、控制河，我们命令这些巨人为我们工作。我们对它们说话的语气都将是战胜者对战败者的语气。

永不言败

为了改造自然，我们应该先在自然那边找到合适的动力和材料。我们改造山或者河流，不用另寻他物，用山、河流自己来改造就好了。与我们相比，它们就是比我们强大数百倍的巨人。我们要做的，就是指挥它们。只要我们方法得当，就可以支配它们去采矿、冶炼金属、锻造工具，就可以让它们自己主动去堆砌建筑物和堤坝。

人并不是多么强大的动物。这个世界上有很多东西比我们强大，而且我们可能一辈子都无法窥其全貌。

想知道自己有多渺小，去山那边走走就行了。在我们一侧就有一座大高山，它有着无数巨型石头做成的身躯，还有茂盛的森林做皮毛，我们平时只能仰望着环绕在它身边的一点儿雾气。

试着爬爬这座山吧。你可能耗费了几个钟头也没到半山腰，在你的身边，是蜿蜒曲折的山路，在你的周围，是无数巨大的石头。很快你的力气就耗尽了，可是那山顶还遥不可及。山的高大是我们人无法企及的，就像现在，若从远处看去，在半山腰气喘吁吁的你也不过是巨型糕点上的一只小小的蚂蚁。

跟山相比我们显得实在是渺小，那么跟河相比呢？恐怕我们更会自惭形秽了。如果你有幸从高处看到伏尔加河的全貌、看到奔腾的河水流动的全过程、看到那些分布在草原与森林中的全部支流，你会发现，伏尔加河也如高山一样，大到我们无法用语言形容。

我们正需要这样的巨人帮忙。我们可以利用山、河的自然资源和力量来帮我们建设家园。不过，我们有时也很强大。我们只是在没有理想、孤军奋战的时候才显得渺小。当我们团结起来，为一个共同的理想而努力工作的时候，我们也可以成为力大无穷的巨人。有一天，我们将征服山、控制河，我们命令这些巨人为我们工作。我们对它们说话的语气都将是战胜者对战败者的语气。

找矿产的方法

我们的社会在发展需要越来越多的矿石。可是，应该到哪里、用什么方法找到矿石呢?

也许，我们可以碰碰运气，类似在街上捡到钱包的幸运事件。如大风将一棵树连根拔起，树底下的绿宝石就露了出来，被当地居民发现了；农民和挖土工人无意中发现了矿石。这样靠运气的事有不少，不过运气可不一定总是愿意帮你。如果我们靠运气帮忙找矿石，很可能长年望眼欲穿却一无所获。就像人们固然可能在街上捡到钱包，但是在街上捡钱包只是个小概率事件，一直在街上等着，就算是很多年也不一定有什么收获。

况且，我们说的不是一条街道，而是一个拥有广袤疆土的国家。我们的国家有数千千米的山脉、平原，真要是一点点搜寻的话，我们可能需要几千名勘探队员工作几百年的时间。要知道，我们的国土广大，很多地方至今还没人去过。我们派出的勘探队员很容易就会隐没在田野、森林和沼泽地带中。这个情况，1931 年的科学院会议已经提过了。

比如我们地图上的某个地方，我们一直在那里标着的是沼泽低地的标准，可是我们的勘探队员 1930 年却发现那是一座高山，这个地方就在离圣彼得堡不远的科拉半岛上。那么，更远一些的西伯利亚等地呢?

时间不等人，若要靠运气寻找矿石是行不通的。我们现在就需要大量的矿石，已经制定了生产机器的计划，而制造机器是需要金属的。因此，我们也要有开采矿石的计划。我们必须知道那些锡矿、铜矿、铁矿都在什么位置。对我们来说，矿石无疑是一种宝藏，就看我们能不能做出开采计划了。

唤起自然的记忆

拿捡钱包的事情举个例子。假设你丢了一个钱包，你打算怎么做呢？你会仔细回忆一下曾到过的地方、经过的街道、停留过的地方等等。然后，你就会顺着自己之前的足迹，返回去找钱包。

对于从事地质勘探工作的人来说，想找矿石这种宝藏，大致的思路也是这样的。那些矿石是大自然放置的，只有大自然知道那些矿石在哪儿。可是大自然记性很差，早就忘了自己曾经将矿石放在了哪儿，或是根本不承认自己放过或丢失过矿石。所以，地质学家的首要任务，就是帮助大自然回想一下，了解大自然在过去的数万年时间里经历的事。

那么，如何帮助大自然回忆过去呢？靠寻找痕迹。要知道，凡是地球上发生过的事，都会留下或多或少的痕迹。比如某地曾经是海洋，你就会在那里发现海生动物、贝壳等组成的沉积层；而曾经是火山口的地方，一定会留下许多熔岩；而冰河会将随身携带的泥沙等流在它经过的地方；而如果我们在某地发现了化石的树干、树枝、古代野兽的遗骨，那一定是因为这里曾经是一片住过野兽的树林……

这一切，都是过去的事留给我们的遗迹。当然，这些遗迹不一定都清晰、完整，还需要经验丰富的科学家仔细辨认才能被发现。就这样，沿着古代的遗迹，科学家们一步一步还原过去，推测出地球的历史。这些科学家是在历史长河中旅行的哥伦布，他们发现了那些早就变成平地的山脉、已经变小的海和已经不在的大陆。就这样，人们逐渐知道了人类存在以前地球的样子。

我们不再需要依靠运气才能偶尔获得少量的矿产，而凭借着研究地球历史的科学，我们朝着一个明确的方向出发，去寻找矿产。

在20年前的芬兰，有人发现了藏在森林里的一些黄铜矿的漂砾，这种矿石可以用来提炼铜或者制硫酸。地质学家奉命前去勘察，他们早就知道了，这些漂砾不会从天而降，肯定是路过这儿的冰川落下的。于是，他们踏上了寻找黄铜矿的旅程。一路上，他们观察着脚下的石头，不放过每一千米土地。最后，他们在距离之前发现漂砾60千米的地方找到了一个大型黄铜矿。就这样，人们帮冰川找到了它很久以前落下的东西。

人们就是这样凭借着地球历史的知识来寻找矿床、矿石的。在我们生活的地球上，在我们存在之前，地球上发生了无数大事件。不管是熔岩流动或凝固、山脉升高、冰川前进或后退、海水涨潮落潮，都给我们留下了或多或少、或清晰或模糊的痕迹，正是这些痕迹帮助我们回到过去，帮助我们建设未来。

▲ 旧时挖矿图

寻找过去留下的痕迹

当猎人在雪地里寻找猎物的时候，他往往会根据野兽的足迹判断前进方向。不过，野兽总是有意无意地留下很多迷惑人的圆圈、套环、线条等等形状的痕迹。在野兽留下的那些看似杂乱无章的复杂痕迹中，猎人靠经验拨冗去杂，总结规律，找出野兽行进的路线。

那么矿石呢？矿石的位置是否也有规律可循呢？科学家答道：当然也有规律。我们可以将现在已经发现的所有矿床的位置都用点在地图上标记出来。看看那些分布在地图各处的点，多像雪地上动物的足迹。乍看之下，似乎杂乱无章、毫无规律可言，可是在经验丰富的人看来，那些点汇成短线，短线组成长线，长线排成了巨大的带和弧，这些图形布满了整个地图。

我们可以看到，非洲好望角至努比亚沙漠的区域是金刚石的分布地，长达 3000 千米的银矿分布带穿过了美洲的整个大陆。至于西伯利亚，我们发现有很多弧圈、圆圈以贝加尔湖为中心将它围绕了起来，那里生产多种稀有金属：铀、钽、钍等。

第一条弧线是云母和金矿的分布带，距离中心点有几百千米。更远一点的第二条弧线则以新地岛为起点，穿过了乌拉尔、整个西伯利亚，一直延伸到了鄂霍次克海。在这条弧线上的西部是铜，东部则是银、锌和铅。至于第三条弧线就更远了。那是从外贝加尔东部到阿尔泰山、天山、高加索的区域。那里藏着砷、汞和锑等。

西伯利亚的矿石排列还是有一定规律可循的。那些看起来乱七八糟的表象，不过是地球在漫长的历史中发生过的诸多变化留下的痕迹罢了。那么，什么样的变化才会使那些矿产按照弧线、直线或环来分布呢？想知道这个，就要先弄清矿石的历史。

矿石如何诞生

对我们的双手来说，山上的石头是冷的。可实际在山的内部，却是炽热无比的。

如果你跟着开凿隧道的工作队进入过山的内部，你会发现，那里热得让人无法正常工作，而且，越往地下温度越高。而且就算是大雪纷飞的冬季也不能使地下深处的炽热消失。在美洲的奥克拉荷马，有一座深达3400米的钻井就是这么热。在那里，水滴落在钻井底部就会立刻升腾起来，化作水蒸汽。而且，据科学家测算，越深入地下温度越高，等到了距离地面20~30千米的地方，石头都将熔化。

看来，我们的脚下并不平静。有一个巨大的、炽热的炉子就在离我们不远的地方沸腾着。在这里，各种化合物在锅里煮着，这里是未来矿石的加工厂。对于这样一炉融化了的、火热无比的液体，科学家称为岩浆。

在这里，负责拉风箱、熔化岩石的“工人”叫放射性物质。这些放射性物质，如铀等，都在石头里面，它们不是普通的金属。放射性物质的原子能够一个一个地接连破裂、爆炸成碎块。在地下20~30千米的地方，大量的放射性物质破裂，使得石头被烧红、被熔化。

不过，深入地下20~30千米更深的地方后，这种放射性物质的数量就不多了。到了距离地面100千米的地方，这种会崩解的原子已经少得可怜，这里就是巨大的熔岩海洋的海底了。

看起来，我们地面上的一切，那些我们看起来强壮无比的平原和山脉都不过是浮在一个巨大的火的海洋上罢了。如果我们晃动，也不过就是一只船在海面上晃动。所有的地方都像天平的秤盘在起起落落，寻找着平衡。有的时候，压力过大会导致岩层断裂，大地就疼痛地抖动，地震就这样发生了。

有的时候，地壳移动时，恰好有些岩层被挤压得凸起，便形成了山。还有的时候，地下深处沸腾的岩浆被地壳碎块挤压之后，恰好这些炽热的液体找到了地壳的出口，便冒出地面，火山便爆发了。

仔细看，岩石要生出来了！也有的时候受到挤压的岩浆在向上运动的过程中并没有找到出路。它们便只能在地下继续沸腾，直到被上面凉爽的地面给冷却下来、渐渐凝固下来。在这个过程中，炽热的液体会析出一颗颗的矿物质的固体结晶物。当然，并非所有的物质都在地下。它们可能沿着地壳的裂缝出来，然后遇冷慢慢沉淀下来。

了解了矿石的诞生过程以及它们的性质，我们就能从地球上将它们找出来了。不过，那些矿石在诞生后的日子是怎么样的呢？它们以后会有哪些变化？

山脉的成长

与地球上的其他东西一样，山也是有年龄的。当然，它们究竟是年轻还是年老，只有地质学家说了算。

斯堪的纳维亚和芬兰山脉是欧洲最年长的山。纳维亚－芬兰古陆就是古代欧洲的所在地。很久以前的这里比现在要高很多，不过水和严寒破坏了山脉。山被削平，海底则沉积了越来越多的岩石。这个过程持续了千万万年，到了五万万年前，纳维亚向南形成了一道长长的新山脉，这就是第二代山脉。又过了千万万年，在更南边，第三代山脉形成了，那山脉覆盖了从波兰一直到西班牙、法国等地方。

而最年轻的一代是第四代山脉，是不久以前的10000~5000年前才形成的。沿着南方的海，比利牛斯山脉、亚平宁山脉、喀尔巴阡山脉、阿尔卑斯山脉、巴尔干山脉、高加索山脉和克里木山脉相继升起。这些年轻的山脉十分浮躁，不是地震就是喷发火山，一点也不沉稳。

自北向南，欧洲就这样成长起来了。也许，再过上千千万万年，我们现在的高山又都被削平，地下深处还会冒出新的山脉，至于那些新山脉的名字，留给后代们取吧。

这就是山脉的成长过程。那么，当山脉经历人生四季的时候，矿石在做什么呢?

当山脉升起后，岩浆填入褶皱裂缝，便冷凝成矿脉。然后，勤劳的水充当了矿工的角色，将那些埋着矿石的土地挖开，矿石便无处藏身了。不同年龄的山，受到了水不同程度的冲刷，年老一点的就连山顶上的矿石也保不住，而年轻一点的只是牺牲掉最靠外面的一些矿石。我们发现，矿石还根据山的弧线形状有序排列着，这就是我们之前在地图上总结出矿石排列的那些形状的来历了。

知道了矿石的分布规律，我们不用再靠运气，勘探队员会到那些该去的地方，将那些该找出来的矿石找出来。

给矿石定位

现在，我们已经清楚了什么地方有矿石。不过想方便、准确地开采矿石，还要探明它们的具体位置才行。

我们将钻探器深入到地下，检查一下那些地方有没有、有多少、有何种矿石。兴许它们就在我们探测的地点的附近；兴许它们数量很少、不值得开采；兴许我们应该在动工开采前亲自看看、摸摸那些矿石。

不过这并不是一件容易的事。要知道，我们的金刚石钻头很贵，如果是稍软一些的岩层还好办，可要是碰到无比坚硬的岩石，一般钻头就无法前进了，而金刚钻头也会有损耗。况且，这种工作方法还要耗费大量时间，这样费时费力费钱，结果却可能一无所获。

可是，如果我们有办法透过土地看到那些矿石，情况就大大不同了。我们不必费时费力钻地，也不用靠运气、瞎猜，我们的找矿工作就能百发百中了。不过，显然这只是一个美好的想象。我们知道，世界上的所有事物都有自己独特的性质，也许这个可以帮到我们。

矿石带路

那么，世界上的各种物质都有什么性质呢？

先说说地球吧。地球是我们身边最重、最大的一个物体。我们知道，我们身边所有的物体都有一种拉力，只是拉力的大小受到那些物体自身重量的影响。地球也有一种巨大的拉力，正因为地球力大无穷，我们人才能站在地上，而不是站在墙上或漂在空中。

同样，隐藏在地下的矿石也有拉力，只要想办法探明那种拉力，不就找到它们了吗？于是，人们发明出来能感觉出矿石拉力的仪器。在这个名叫“扭秤”的仪器的盒子里，安装着一个细线系着的小铝管子。石英或铱、铂合金制作而成的那条细线与铝制小管子组合在一起，就像是一个秤杆。这个秤杆十分敏感，随便一种东西靠近它，它的秤杆就会转向那个东西。同时，人们还在细线上安上镜子，对面还设置了照相机胶片，就这样，“扭秤”可以自动为人们记录探测情况了。靠这个，勘探队员可以轻松地找出矿产的具体位置。当然，这个仪器还有一个意外的功能，就是感知地下发生的变化，提醒人们防范火山喷发。

人们学会了看那些深埋地下、无法看见的东西，学会了感知那些无法摸到、无法听到、无法看到、无法闻到的事物，这一切都要归功于科学。是科学，让人们意识到在自己的周围，还有很多自己从未察觉到的信号和声音。那些信号和声音不仅能告诉人们矿产的所在，也能提示人们危险的降临。

拯救城市的是科学

对于火山山脚的居民来说，火山常常是突然爆发、带给人重大损失。1902年发生在马提尼克岛的火山爆发、2000年前的维苏尔火山爆发都让人们谈之色变。自然的力量太强大了，我们还没有力量控制火山的爆发。不过，聪明的人类也不会就这么束手就擒的，因为我前面已经提过一个能够预测火山爆发的仪器了。

火山爆发固然无法避免，我们却可以选择提前预知、及时逃避。人们为每一座暂时安静的火山设立科学站。科学家们用扭秤随时感知地下的变化，同时用放在钻井里的电温度计随时测量温度的变化情况。科学站就是保卫居民的岗哨，一旦探明敌情属实、火山有爆发迹象，便用无线电发出警报信号通知山下的居民。于是，人们跑到车站、码头、飞机场去，奔到远方躲避灾难。当然，最后乘飞机离开的一定是科学站的观察员们。

▲ 火山爆发

就这样，等到岩浆和火山灰急匆匆地从地下牢笼中一跃而起的时候，那些炽热的固体和液体会惊奇地发现，周围静悄悄，一个人也没有，除了空旷的街道和房屋，这些气急败坏的敌人什么也没得到。

磁针日记本

矿石一直都在地下向我们发出信号，提示我们它们的存在，只不过，我们需要科学来帮助找到那些信号。前面我已经介绍了可以感知矿石的勤劳扭秤。下面就让我说说磁针吧。

提起磁针，也许你会觉得相当熟悉。毕竟人们使用罗盘的历史是很有成就的。磁针能够感知身边大大小小的事情，就连远在千里之外的南北极的变化、太阳的生活状况也不放过。人们利用磁针制造了一个能自动记录探测情况的仪器。那是一本有趣的日记，作者是磁针，而日记的语言不是我们人类的文字，而是磁力线。在那本日记里，记载了大大小小的磁暴及其他自然现象。

勘探队员可以带着它走遍各地，寻找矿石、盐和石油。凭借对磁针记录下的磁力线的分析，人们找到梦寐以求的石油、盐、铁。

给地球做听诊

当然，地震带来的地震波也是一个指引我们了解地心世界的使者。不过我们也可以主动给地球做个听诊器。只要引爆事先埋在地下的炸药、来一场人工地震就行了。

毫无疑问，地震仪就是我们帮地球诊脉的仪器。利用地震仪，我们不仅可以预测地震，也能帮助我们修建工厂和城市。要知道，在充满危险的地方，建设建筑物并不是什么明智的举动。地震仪还帮助人类避免了很多损失。

当然，我们还有别的方法探测地球，那就是用电流探测。要知道，电流

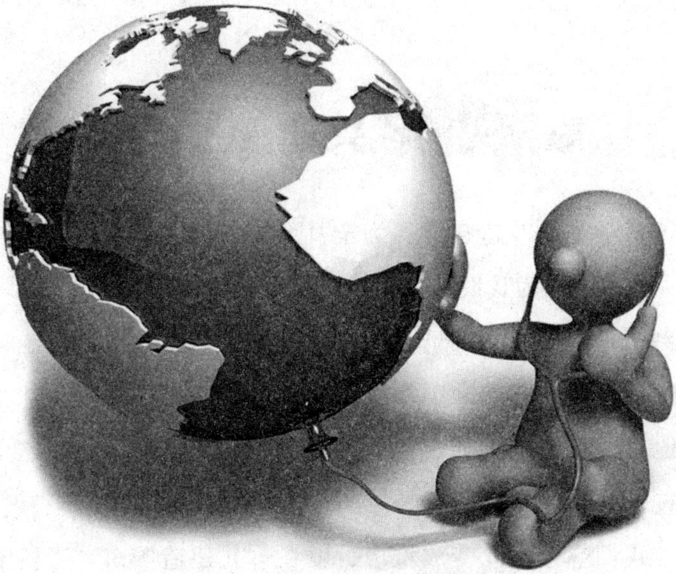

▲ 听诊地球的人偶

可以穿过某些物质，也会在某些物质前停下脚步。勘探队员只要利用普通的电话线就能听出电流究竟遭遇了什么。用这个方法，修建矿井的时候可以轻而易举地发现地下的泉水。

此外，还有用无线电波来探测地球的无线电勘探法。

科学家发明了越来越多的仪器，帮助人们看到眼睛看不到的东西，耳朵听不到的东西，科学家利用科学仪器带来的全新视觉和听觉系统，让人们发现周围的世界，避免潜在的威胁。

不过，你千万不要高兴得太早，要知道，并不是所有的人都赞成科学进步的。实业家们控制了科学，科学只能为他们的利益服务，实业家们会因为新科技成果可能给他们的利益带来冲击，而不遗余力地阻挠。

只有当全人类社会掌握了科学这个武器，最新的科研成果才会被应用于全人类身上。只有到那时，人们才能真正支配自然、避免灾难。

靠科学兴建城市

在苏联，科学是为改造自然、为全社会服务的。在我们这里，科学不仅为我们带来实验室，也为我们带来工厂，甚至整个城市。

这样的例子很多。通常的情况是，地质勘探队在大地上行走，发现了珍贵的宝藏，便指引着人们前来工作。慢慢的，那些矿场的所在地就演变成很多人聚居的地方，直到成为拥有工厂、商店、公路的城市。而这个过程，也许只要短短的一年时间。

在苏联，我们想让哪儿变成城市，就在哪儿建造城市。当科学掌握在人们的手中后，就可以一年建造一座城，若干年后改造整个国家。只有人民手中的科学才具有无穷力量。

1935 年 1 月 17 日写于圣彼得堡